Das Martin Sellner Buch

Remigration: Ein Vorschlag

Die inoffizielle Analyse und kritische Einordnung **aus linker Perspektive**

Tanja Schürmann

IMPRESSUM

Das Martin Sellner Buch Remigration: Ein Vorschlag
Die inoffizielle Analyse und kritische Einordnung aus linker Perspektive

Bibliografische Information der Deutschen Nationalbibliothek: Die Deutsche Nationalbibliothek verzeichnet diese Publikation in der Deutschen Nationalbibliographie; detaillierte bibliografische Daten sind im Internet über dnb.dnb.de abrufbar.

2. Auflage

Verlag: Resonanz Buchverlag (RBV) - Iserbrooker Weg 13 - 22589 Hamburg
Herstellung: BoD – Books on Demand, Norderstedt

ISBN 978-3-949859-21-2

Design und Layout: *atelier conception*, Hamburg
mit Canva Pro Media Stock, Canva Pty Ltd.

WIDMUNG

„Ich mag verdammen, was du sagst,
aber ich werde mein Leben dafür einsetzen,
dass du es sagen darfst.“

Voltaire

INHALTSVERZEICHNIS

EINLEITUNG

„Achtung, die Männer mit den Schlapphüten kommen!"

Bis vor wenigen Monaten war der Name Martin Sellner nur bei Eingeweihten bekannt. Doch mittlerweile kennt ihn eine breite Öffentlichkeit, weshalb man ihn schon jetzt zu den Shooting-Stars des Jahres 2024 zählen muss. Selbstverständlich ist diese Bezeichnung nicht ganz unironisch gemeint, denn seine Bekanntheit ist darauf zurückzuführen, dass er von den Mainstream-Medien, also vom sogenannten Haltungsjournalismus, aber auch durch die Politik mittlerweile quasi als *Staatsfeind Nummer Eins* gehandelt wird. Aber wie wir alle wissen, gibt es schließlich keine *schlechte* Werbung und so hat der Trubel um seine Person in der Tat dazu beigetragen, dass aus einer regionalen Größe nun eine deutschlandweit, ja sogar europaweit bekannte Persönlichkeit geworden ist.

Dabei dürften sich zum gegenwärtigen Zeitpunkt nur die wenigsten mit den Inhalten seiner Schriften und Reden tatsächlich persönlich auseinandergesetzt haben. Was die breite Öffentlichkeit über ihn erfährt, erfährt sie wie schon erwähnt durch die in aller Regel öffentlich-rechtlichen Medienanstalten sowie durch diverse Statements aus Politik und Talkshows. In diesen Kreisen scheint man sich gegen Martin Sellner verschworen zu haben, denn wie auf Absprache lautet der einhellige Tenor zu seiner Person und zu seinen Thesen:

rechtsradikal, rechtsextrem, Nazi.

Dieses *Labeling* wird von den Kommentatoren so gut wie nie mit Fakten unterfüttert, sodass es der Allgemeinheit bisher sehr schwerfallen dürfte, das Ganze unabhängig und objektiv zu überprüfen. Jedenfalls wird auf den Mann eine Hexenjagd eröffnet, die ihresgleichen sucht. Aber wie kann das sein, denn wir leben doch im *besten Deutschland aller Zeiten* (Zitat Bundespräsident Steinmeier). Und da sollte es doch eine Selbstverständlichkeit sein, Meinungsvielfalt und das Recht auf Freizügigkeit zuzulassen.

Dieses Recht gilt auch selbstverständlich für verschiedene Ansichten jeder Art: für Transgender-Lesungen in Kindergärten, für Klimahysteriker, die allerorten den Verkehr blockieren, für Menschen, die oppositionelle Parteien in diesem Land beschimpfen möchten und sogar mit dem Tod bedroht sehen möchten (Anti AFD Demos) oder für Menschen, die nicht genug vom Krieg in der Ukraine bekommen können, indem sie immer mehr Waffenbeteiligung wünschen. Für all diese gilt eine totale Meinungsfreiheit, man könnte sogar von Narrenfreiheit sprechen.

Und es gibt kaum Einschränkungen, da im Gegenteil staatliche Stellen bis hin zum Verfassungsschutz regelrecht den Freibrief dafür liefern, sich hier breit und ohne Sanktionen ausleben zu dürfen. Der links-woke Mainstream hat nichts von den Behörden zu befürchten. Aber sogar linksextreme RAF-Terroristen lebten Jahrzehnte schwer bewaffnet weiter unter uns und begingen weiterhin schwere Straftaten, ohne dass die Polizei diese zwischenzeitlich entdeckt haben will. Wie gesagt: Narrenfreiheit. Ist der Staat auf diesem Auge blind?

Doch was für diese Fraktion gilt, scheint für Sellner nicht gelten zu wollen. Denn bei seiner Person wird genau umgekehrt verfahren: Noch bevor irgendjemand sich mit den Thesen von Sellner beschäftigt haben kann, wird er durch staatliches und halbstaatliches *Framing* in ein so schlechtes Licht gerückt, dass die Allgemeinheit ganz offensichtlich davon abgeschreckt werden soll, sich näher mit diesem Mann und seinen Ansichten überhaupt zu befassen.

Das soll auch dadurch zum Ausdruck gebracht werden, dass das Wort 'Remigration' in Windeseile zum Unwort des Jahres erklärt wurde. Aber nicht genug. Wenn in Deutschland zeitgleich die innere Sicherheit dramatisch gefährdet wird durch tägliche und tödliche Messerstechereien und durch Bandenkriminalität, welche augenscheinlich zu mehr als achtzig Prozent mit einem Migrationshintergrund verbunden zu sein scheinen, dann muss dieses Missverhältnis in der Gewichtung besonders aufmerken lassen.

Wie kann es sein, dass auf der einen Seite schwerste Gewalttaten durch überwiegend landesfremde Menschen begangen werden und die Behörden kein Problem damit haben, dass sie unter uns leben, und andererseits ein aufrechter, unbescholtener und bisher völlig straffreier Staatsangehöriger eines benachbarten EU-Landes plötzlich nicht mehr einreisen soll und angeblich bei der Bundespolizei zur Fahndung ausgeschrieben wird und zeitgleich von der Presse mit einem Tsunami von bösartigen Behauptungen überzogen wird?

Nur am Rande sei erwähnt, dass seine Veröffentlichungen fast bundesweit aus dem Handel genommen wurden und bisher anscheinend nur durch wenige Verkaufsstellen wie den Kopp Verlag, den Compact Verlag oder eben auch durch Amazon angeboten werden. Ist das also wirklich *das beste*

Deutschland aller Zeiten oder war es bis vor ein paar Jahren nicht eigentlich besser als jetzt? Sind wir überhaupt noch das Land ohne Zensur und der freien Meinungsäußerung?

Sollte es in einem freien Land nicht genau andersherum sein, nämlich dass man sich zuerst mit den Inhalten beschäftigt und danach sein Urteil trifft? Doch seit der Corona-Pandemie wissen wir, wie Framing funktioniert: Es werden durch meist öffentlich-rechtliche Medienanstalten im Verbund mit der Politik sowie weiteren Personen des öffentlichen Lebens so lange Parolen verbreitet, bis diese quasi unauslöschbar mit einer Person oder einer Sache verbunden sind. Dadurch wird eine Art Gehirnwäsche bei der Bevölkerung erreicht, die dann zu großen Teilen nicht mehr imstande zu sein scheint, sich objektiv und unbefangen dem Kontext zu nähern und sich dadurch eine eigene Meinung zu bilden.

Neueste Erkenntnisse haben zudem ergeben, dass der Verfassungsschutz, also die Männer mit den Schlapphüten, zusammen mit dem sogenannten Mediahaus Correctiv eine Methode nutzt, die sie selbst als *„Prebunking"* bezeichnen. Diese wissenschaftlich erforschte Methode zielt darauf ab, Meinungen und Meinungsbilder vorab so zu stimulieren, dass sie konstant erhalten bleiben, auch wenn zu einem späteren Zeitpunkt alternative Standpunkte angeboten werden. Offiziell handelt es sich um eine Methode der Aufklärung zur Unterscheidung von Falschinformationen im Netz. Insbesondere ist dabei interessant, dass gerade *die* Falschinformationen anprangern, welche selbst die meisten verbreiten. Das lässt tief blicken. Möglicherweise hat man hier aber auch den Unterschied zwischen *unliebsamer Meinung* und Falschmeldung nicht begriffen.

Man will damit von Behördenseite den Akteuren der alternativen Medien, aber auch der alternativen Politik gewissermaßen zuvorkommen. Höhnisch wird diese Methode auch als "betreutes Denken" kommentiert, was in der Tat nicht von der Hand zu weisen ist. Und perfide ist die Methode möglichweise deshalb, weil sie den Prozess einer freien und objektiven Meinungsbildung zuvorkommen will, indem sie bewährte Methoden der Psychologie für ihre Zwecke nutzt. Was, wenn beim *prebunking* zum Beispiel selbst bewusst und gezielt Falschinformationen eingebaut werden? Was dann?

So ist es nicht übertrieben zu behaupten, dass wir in einem Zeitalter des permanenten Informationskrieges leben, bei dem meist staatliche Exekutivstellen im Verbund mit Medien und Politik, aber auch mit Personen des öffentlichen Lebens versuchen könnten, ein einheitliches und gewolltes Framing zu betreiben, während auf der anderen Seite Vertreter alternativer Medien und alternativer Politik eigene Ansichten über das Internet streuen, welche vorschnell über einen Kamm geschoren werden und Ablehnung erfahren sollen. Und genau so muss man auch die aktuelle Situation sehen, denn es ist keinesfalls entschieden, wer in diesem Duell die Oberhand behält.

Noch nie war es für staatliche Strukturen so schwer, den Prozess der Meinungsbildung aktiv zu beeinflussen, denn im Zeitalter des Internets bieten sich sagenhafte Möglichkeiten für kleine und kleinste Redaktionsteams oder politische Bewegungen, auch eine große Öffentlichkeit quasi über Nacht zu erreichen. Während also zum Beispiel allen voran der Verfassungsschutz in Deutschland derzeit rudert, was das Zeug hält, gibt es immer mehr alternative Player, die ihre Expertise in die Waagschale werfen. Der Staat, man müsste treffsicherer die *Exekutive des Staates* formulieren, kommt derzeit kaum hinterher, adäquate Antworten zu finden, und entblößt sich an den meisten Stellen derzeit nur selbst.

Wenn nämlich von dieser Seite stakkatoartig immer alles das als rechtsextrem eingestuft wird, was eben nicht dem engen Meinungskorridor dieser Leute entspricht, dann fällt das einer immer größeren Anzahl von Bürgern auf.

"Wird der Bürger unbequem, so bezeichne ihn als rechtsextrem"

scheint zu einem gängigen Verfahren auf der Mainstream-Seite geworden zu sein. Noch gibt es eine große Zahl von Mitläufern, die unhinterfragt dabei mitmachen, doch immer mehr Menschen wachen derzeit auf und wollen sich das Denken und das Reden nicht mehr verbieten lassen.

Es ist essenziell für eine lebendige Demokratie, unterschiedliche Meinungen zu Wort kommen zu lassen, sich anzuhören und wirken zu lassen. Meinungen müssen diskutiert werden können, und Meinungen müssen gebildet werden können. Niemand, der erwachsen ist, benötigt ernsthaft eine Denk- oder Meinungspolizei, die vorgibt, was in unseren Köpfen erlaubt ist und was nicht. Befindet sich das Land auf dem Weg zum Ende der Demokratie und zum Beginn eines neuen Totalitarismus? Wir dürfen dabei nicht vergessen, dass Faschismus und Totalitarismus niemals in nur einem Gewand erscheinen.

Dieser Dämon, der die Menschen in gewissen Abständen immer wieder heimsucht, scheint viele Gesichter zu haben und zeichnet sich vor allem durch das perfide Infiltrieren in die Köpfe und das Verhalten der Menschen aus, auch ohne, dass ihnen das bewusst ist. Vor diesem Hintergrund könnte der in Deutschland allgemein vorherrschende radikale Linksruck auch als direkter Weg in einen neuen Faschismus gewertet werden, eben deshalb, weil er mit ganz ähnlichen Methoden arbeitet oder diese zumindest in Erwägung zieht, wie ehemalige faschistische Staaten der Geschichte. Natürlich nur mit guten Absichten garniert, zum Wohle aller versteht sich.

In altbewährter demokratischer Kultur der Meinungsvielfalt werden wir uns in diesem Buch also den Thesen von Martin Sellner völlig offen und unbefangen nähern, sie betrachten und anschließend kritisch analysieren und auswerten. Wir lassen uns auf keinen Fall den Mund verbieten und das selbständige Denken schon gar nicht. Jeder soll sich am Ende seine eigene Meinung bilden und über das nötige Hintergrundwissen verfügen, um tatsächlich in bürgerlicher Manier auf hohem Niveau mitreden zu können. Ob er sich anschließend den Thesen anschließt oder sie ablehnt, bleibt jedem selbst überlassen. Und so ist es auch das Anliegen dieses spontanen Werkes, die Meinungsvielfalt, den Meinungsbildungsprozess und demokratische Grundstrukturen so zu fördern, wie sie durch die Verfassung explizit vorgesehen und garantiert sind.

Den Männern mit den Schlapphüten sei noch zugerufen: Um die deutsche Verfassung hüten zu können, sollte man sich vielleicht mal wieder unmittelbar mit ihr befassen, sie lesen und verstehen. Anschließend sollte man ihre unter Blut, Schweiß und Tränen erkämpften Ideale im Herzen mit sich tragen und sie fortan auch wirklich in die Tat umsetzen. **Die Verfassung ist kein Wunschkonzert!**

1. Kapitel: Die dauerhaften staatlichen Repressionen gegen Martin Sellner

Martin Sellner wurde am 8. Januar 1989 geboren und ist ein österreichischer Aktivist, der vor allem durch seine Verbindung zur Identitären Bewegung Bekanntheit erlangte. Seine frühen Lebensjahre und seine Ausbildung prägten seine spätere Laufbahn als politischer Aktivist.

Nach seiner Geburt begann Sellners Reise in die Welt der Bildung, die ihn schließlich an die Universität Wien führte. Dort widmete er sich dem Studium der Philosophie, was möglicherweise seinen späteren Fokus auf politische und gesellschaftliche Themen beeinflusst hat. Die Beschäftigung mit philosophischen Konzepten könnte auch dazu beigetragen haben, seine Ansichten zu formen und zu festigen. Es ist wichtig zu betonen, dass seine politischen Überzeugungen und Aktivitäten nach seiner Ausbildung in den Mittelpunkt rückten und seine öffentliche Wahrnehmung prägten.

Als eine Schlüsselfigur in der Identitären Bewegung tritt er für nationale und migrations-regulierende Ansichten ein, was zu Kontroversen und Diskussionen über seine Perspektiven und Methoden geführt hat. Die Identitäre Bewegung gilt aufgrund das *Labelings* der zuständigen Behörden als eine rechtsextreme Gruppierung. Die Bewegung betont die Wahrung der "ethnokulturellen Identität" und setzt sich gegen Multikulturalismus sowie für eine restriktive Einwanderungspolitik ein. Sie versucht, ihre Ziele durch Aktivismus, symbolische Aktionen und soziale Medien zu verbreiten.

Einer der prominentesten Aktivisten der Identitären Bewegung ist Martin Sellner. Er wurde zu einem Gesicht der Bewegung, insbesondere in Österreich. Sellner ist bekannt für seine Beteiligung an verschiedenen Aktionen im Rahmen der Identitären Bewegung. Diese Aktionen reichen von öffentlichen Kundgebungen und politischen Veranstaltungen bis hin zu symbolischen Handlungen, die darauf abzielen, Aufmerksamkeit zu erregen und ihre Ideen zu verbreiten.

Mit seinem Engagement für die Identitäre Bewegung und die Verbreitung ihrer Ideen geriet Martin Sellner in verschiedene Kontroversen. Die Bewegung wird von vielen als rechtsextrem eingestuft, und ihre Aktivitäten haben Kritik und Ablehnung hervorgerufen. Einige sehen in den Aktionen der Identitären Bewegung eine Bedrohung für soziale Harmonie und ein friedliches Zusammenleben.

Sellner und die Identitäre Bewegung haben auch Aufmerksamkeit durch ihre Präsenz in sozialen Medien erregt. Sie nutzen Plattformen wie YouTube und Twitter, um ihre Botschaften zu verbreiten und Anhänger zu gewinnen. Dies hat zu Debatten über die Rolle von sozialen Medien bei der Verbreitung scheinbar extremistischer Ansichten und Ideologien geführt. So urteilt jedenfalls der Mainstream, der, wie wir weiter oben schon erfahren haben, regelmäßig dabei beobachtet werden kann, wie er anstatt die objektive Meinungsvielfalt zu fördern, subjektive Meinungen von oben herabdiktiert, die im Vorwege das Denken und Handeln der Allgemeinheit prägen sollen, noch bevor zum Beispiel ein Herr Sellner diese erreichen kann.

Die genaue Mitgliederzahl der Identitären Bewegung ist schwer zu bestimmen, da sie keine transparenten

Organisationsstrukturen hat und oft dezentral operiert. Zudem variieren die Mitgliederzahlen je nach Land und Region erheblich. In verschiedenen europäischen Ländern, einschließlich Deutschland, Österreich und Frankreich, wird die Identitäre Bewegung als relativ kleine Gruppierung wahrgenommen. Ihre Anhängerschaft besteht hauptsächlich aus jungen Menschen, die oft durch soziale Medien und Online-Plattformen erreicht werden. Es ist wichtig zu beachten, dass diese Bewegung trotz ihrer begrenzten Mitgliederzahl eine gewisse Aufmerksamkeit erregen kann, insbesondere durch ihre symbolischen Aktionen und ihre Präsenz in der digitalen Welt.

Es bestehen Einreiseverbote für Martin Sellner nach Großbritannien sowie in die Vereinigten Staaten. Diese Verbote wurden begründet durch eine Spende, die er von dem sogenannten Christchurch-Attentäter Brenton Tarrant empfangen haben soll. Entsprechende Ermittlungen gegen Sellner führten letztendlich zur Einstellung des Verfahrens gegen ihn. Er hatte glaubhaft machen können, dass er nichts mit dem geisteskranken Attentäter zu tun hatte und dass dieser ihn vermeintlich durch die getätigte Spende von 1500,00 € in eine Falle locken wollte. Trotzdem ist der Schaden für Sellner immens.

Sollte solch ein Verfahren System haben, so müsste jedermann ab sofort aufpassen, mit wem er Geschäfte tätigt oder mit wem er Kontakt hat, und im Vorfeld abschätzen, ob diese Person nicht später einmal zu einem Straftäter oder Terroristen mutieren könnte. Dann würde das nämlich nach derselben Logik bedeuten, dass auch alle vormals mit dieser Person bekannten Menschen im Nachhinein geächtet werden würden. Natürlich macht ein solches Verfahren keinen Sinn, wir wissen das. Jedoch bleibt es den handelnden nationalen und internationalen Akteuren innerhalb der Exekutive zunächst völlig frei, ob sie aus einem Kontakt noch eine potenzielle Gefahr ableiten oder eben nicht. Man nennt das Ermessensspielraum. Ein weithin gültiges Verfahren in der Exekutive.

Auch hat Sellner regelmäßig mit intensiven Kontensperrungen zu kämpfen, die seinen normalen Lebensalltag erheblich überschatten. Auch er muss ja von irgendetwas seine Miete und seine Ausgaben bestreiten. Dazu benötigt man in aller Regel ein Bankkonto. Es scheint für die entsprechenden Behörden heutzutage ein Leichtes zu sein, im *direkten Richten* mit nicht staatlichen Unternehmen wie Banken zu erwirken, dass die Konten unliebsamer Personen gesperrt werden und nicht mehr betrieben werden können. Diese Verfahren scheinen System zu haben und wiederholen sich in ganz ähnlicher Weise bei verschiedenen Persönlichkeiten aus der sogenannten Querdenker-Szene beziehungsweise aus dem alternativen Medienmilieu.

Wer zu lautstark seine Parolen gegen das etablierte System in die Welt hinausposaunt, den treffen in der Regel Sperrung seiner sozialen Konten, Sperrung seiner Bankkonten, Einreiseverbote sowie die Auszeichnung mit dem mittlerweile als Gütesiegels gehandelten Labels **gesichert rechtsextrem** durch den deutschen Verfassungsschutz.

Eine Figur wie Martin Sellner zieht diese negativen Sanktionen der Exekutive förmlich wie ein Magnet an. Damit ist er Beispiel und Warnung zugleich, was passieren kann, wenn man sich mit *dem starken Staat* anlegt. Die Innenministerin Deutschlands, Nancy Faeser, sprach erst kürzlich in einer Pressekonferenz zur Vorstellung des sogenannten Demokratiefördergesetzes von diesem starken Staat und was der zu tun gedenkt, wenn jemand ihn verhöhnt. Genau diese Maßnahmen sind damit gemeint und wurden bereits seit vielen Jahren, wenn nicht sogar seit Jahrzehnten, durch die Exekutiven zur Anwendung gebracht, ohne dass die Öffentlichkeit davon viel mitbekommen hätte.

Erst mit voranschreiten der Entwicklung der Alternativen Medienszene und der Alternativen Politik sieht sich der sogenannte starke Staat (Faeser) anscheinend also genötigt, diese Methoden nun in Gesetze zu gießen und sie in einem weitaus größeren Maßstab nun zur regelmäßigen Anwendung zu bringen. Letztendlich beweist dies nichts anderes als die Angst der handelnden Akteure, wenn sie nämlich ihrerseits den Boden der Rechtsstaatlichkeit zu verlassen gedenken, indem die eigene Verfassung und die damit verbundenen Werte nun anscheinend weniger zu gelten scheinen und dagegen die Repressionsmittel einer verrückt gewordenen Exekutive nun in den Vordergrund gerückt werden müssen, um die eigene Macht zu erhalten.

Was viele, wenn nicht sogar die meisten Bürgerinnen und Bürger in unserem Land zu verkennen scheinen, ist nämlich die Tatsache, dass es nach wie vor eine Gewaltenteilung gibt. Somit gibt es auch nicht "den Staat". Der Staat ist vielmehr die Summe seiner drei Hauptbestandteile, nämlich der Legislative, der Judikative und der Exekutive. Die Regierung ist Teil der Exekutive, genauso wie die Polizei oder der Verfassungsschutz. Ebenso die Lehrer an den Schulen sowie die Heerscharen der Beamten; sie sind der anzahlmäßig größte Teil und zugleich der einflussreichste.

Das Besondere an der Exekutive sind ihre Möglichkeiten. Sie kann nämlich bei Gefahr im Verzug, bei Handlungen, die keinen Zeitaufschub dulden, sowohl den Richterspruch als auch eine nötige Gesetzesgrundlage ersetzen, wenn anders nicht Abhilfe geschaffen werden kann. Selbstverständlich gilt dem Gesetz nach auch, dass auch die Exekutive sich an die Gesetze halten muss, wenn sie nicht Gefahr laufen will, rechtswidrig zu handeln. Doch hier beißt sich die Katze sprichwörtlich in den Schwanz, denn viel mehr ist es so, dass Exekutivorgane grundsätzlich nahezu tun und lassen können, was sie wollen, denn über ihr Handeln wacht das Verwaltungsgericht, und bis dieses tätig wird, können Monate oder sogar Jahre vergehen.

Ob und inwiefern sich also beispielsweise ein Bundesamt für Verfassungsschutz oder eine Polizei oder eine andere deutsche Behörde im Augenblick der Handlung an geltendes Recht gehalten haben oder nicht, kann objektiv und vor Gericht erst viel, viel später, wenn überhaupt, in Erfahrung gebracht und beurteilt werden. Diese Behörden wissen das.

Und eine weitere interessante Verquickung kommt hinzu: Die Exekutivbehörden unterliegen regelmäßig einer Weisungspflicht. Weisungsbefugt sind jeweils die Angehörigen der Regierungen. Auch Regierungen der Länder und des Bundes sind Angehörige der Exekutive. Sind sie Politiker und als solche gewählte Volksvertreter, aber sobald sie Regierungen bilden, gehören sie zuvorderst die Exekutive an. Will heißen, ein Justizminister oder Justizsenator kann offiziell oder auch informell in Verfahren der Staatsanwaltschaften eingreifen und diese beeinflussen. Selbiges gilt für eine Innenministerin gegenüber Bundespolizei und Polizei. Es können auch Direktiven vorgegeben werden, wie einzelne Fälle oder Situationen generell behandelt werden sollen oder auch nicht.

Insbesondere kann dies die Fragen betreffen, wie Messerkriminalität oder Drogenkriminalität angegangen werden oder ob man etwas gegen illegale Migration, also illegale Einreise nach Deutschland unternimmt oder eben nicht (indem man wegschaut). Ebenso können Direktiven vorgegeben werden, wie man gegen sogenannte Corona-Maßnahmen-Gegner vorgeht oder wie Menschen behandelt werden, die in einer Pandemie nicht den nötigen Abstand einhalten oder die nötigen Schutzmaßnahmen ergriffen haben und vieles mehr.

Kurzum: *Den* sogenannten Staat gibt es nicht. Er ist erstens geteilt in die drei beschriebenen Teile, und zweitens wird er von realen Menschen besetzt, die in aller Regel ein Parteibuch besitzen und damit lenkbar sind. Das Übergewicht der Exekutive kann dabei eine Belastung für das gesamte System werden, wenn es in Unordnung gerät. Dann wäre es nämlich wichtig, dass ein Korrektiv durch ein starkes und ausgewogenes Parlament besteht, indem eine starke Opposition Widerspruch anmelden kann und Gesetzesbeschlüsse verhindern kann. Andererseits müssen Gerichte über das Handeln der Exekutive auf wirksame Weise, unabhängig und objektiv wachen und diese ebenfalls in die Schranken weisen.

Passiert dies nicht oder nur unzureichend, entwickeln sich automatisch Strukturen, die an Totalitarismus nicht nur erinnern, sondern diesem relativ nahekommen können. Das sind keine neuen Erkenntnisse, sondern entspricht altbewährter Staatswissenschaft. Und nicht umsonst besitzt die Bundesrepublik Deutschland diese an sich ausgewogene und überlegte Staatskonstruktion inklusive ihrer ausgewogenen und überlegten Verfassung.

Wir fassen zusammen: Martin Sellner wird wie viele andere Oppositionelle derzeit durch ein stark restriktives und repressives System bestehend aus verschiedenen Exekutivorganen mit Maßnahmen überzogen, die stark in seine Grundrechte eingreifen. Selbstverständlich wird dies regelmäßig dadurch gerechtfertigt, dass von dem betroffenen Personenkreis, so in dem Fall auch von Sellner, eine latente oder konkrete Gefahr ausgehen *könnte*. Wie gesagt, dies muss nicht bestätigt sein, sondern lediglich der Verdacht reicht den Behörden, um ihre Maßnahmen zu exekutieren. Der Maßstab der Objektivität, so wie er durch ein Gericht nachher überprüft werden könnte, muss hier also gar nicht zwingend vorhanden sein. Es reicht eine subjektive Erkenntnis, zu der die Behörden im entsprechenden Fall gelangt sind.

Diese kurze Abhandlung sollte dazu dienen, darzulegen, warum die Aktivitäten der Behörden, die Oppositionelle einschüchtern oder eindämmen sollen, unserer strikten Kontrolle bedürfen, also der Kontrolle durch den Souverän, nämlich das Volk mit seinen Bürgern. Wir dürfen nicht alles glauben, was uns vermittelt wird. Durch Medien, die ebenfalls nur ein verlängerter Arm dieser Exekutive zu sein scheinen, weil sie durch finanzielle, personelle, aber auch parteipolitische Verflechtungen mit dieser untrennbar verbunden zu sein scheinen.

Wer Martin Sellner derzeit in Videos auf YouTube oder anderswo sieht, der muss sich schon wundern, mit wie viel Gelassenheit der junge Mann diese Situation meistert. Darin könnte man durchaus einen Hinweis sehen auf seine Charakterfestigkeit, auf seinen Mut und auf seine Unnachgiebigkeit erkennen, die alles andere als selbstverständlich sind. Denn die meisten Bürgerinnen und Bürger würden an dieser Stelle bereits eingeknickt sein und sich brav wieder in die Reihe zurückstellen. Nicht so Sellner, der damit natürlich umso mehr den Zorn der Verantwortlichen auf sich zieht, die nach und nach realisieren müssen, dass ihre Maßnahmen nicht greifen und dass sie umso mehr dazu beitragen, diesen Mann weiter in den Fokus zu rücken.

So ist es ja an Absurdität kaum zu übertreffen, dass ausgerechnet die Schlammschlacht, die jetzt um den Namen Martin Sellner ausgetragen wird, dazu geführt hat, dass seine

Bekanntheit um ein Zehnfaches, wenn nicht sogar um ein Hundertfaches gestiegen ist. Seine Veröffentlichungen finden reißenden Absatz, und seine Zuhörerschaft ist viel größer als jemals zuvor. Wie gesagt, es gibt keine schlechte Werbung. Und das sind die einfachsten Grundsätze, die die deutschen Behörden in all ihrem nicht zu bremsenden Engagement nicht zu kennen scheinen. Hätten sie einfach die Füße stillgehalten, wäre Sellner heute nicht in aller Munde. Somit haben Verfassungsschutz, Bundesregierung und Co. dem Mann einen kostenlosen Marketing- und Werbefeldzug beschert, der ihn bekannter und finanziell freier werden lässt als jemals zuvor. Schön selber ins Knie gef**** würde ich sagen.

Im Grunde genommen kann er diesen Akteuren also nur sehr dankbar sein, dass diese so gehandelt haben. Letztendlich lässt uns das aber auch tief blicken, wie dilettantisch hier gedacht, geplant und gehandelt wird, weil man nicht im Vorwege auf die Idee gekommen ist, was das Ganze für Konsequenzen nach sich ziehen wird.

2. Kapitel: Worum geht es beim Konzept der Remigration?

Remigration ist wie der Name schon vermuten lässt die Umkehrung des Konzeptes der Migration, also die Umkehrung des Konzeptes der Zuwanderung. Demzufolge könnte man auch von umgekehrter Zuwanderung, also Abwanderung sprechen. An sich ist an beiden Worthülsen nichts Verwerfliches, denn sie gehören zur Geschichte der Menschheit wahrscheinlich so sehr dazu wie das Atmen oder das Schlafen. Völkerwanderungen sind seit jeher normale Vorgänge, die überall auf dem Planeten stattfinden. Nur deshalb konnte sich die menschliche Rasse bis in den letzten Winkel der Erde verbreiten.

Das umgekehrte Konzept der Abwanderung sieht demzufolge vor, dass Menschen die sich nur schlecht oder gar nicht integrieren können oder wollen, die insbesondere mit dem Gesetz ständig oder auf schwerwiegende Weise in Konflikt geraten, die das friedliche Zusammenleben der Menschen untereinander stören, so dass es nicht mehr erträglich ist, dass diese Menschen eben entweder in aufnahmebereite Drittländer oder in ihre Heimat zurückgeschickt werden.

Martin Sellner begründet die Realisierbarkeit vor allen Dingen auch damit, dass wir ja aktuell über sämtliche logistische Möglichkeiten des Bahnverkehrs, des Flugverkehrs aber auch des Automobilverkehrs verfügen und beispielsweise straffällige Migranten eben nach den derzeit geltenden rechtlichen

Bedingungen aus der Bundesrepublik Deutschland ausweisen können.

Bleiben dürften demnach selbstverständlich und unangreifbar alle die Migranten, die ihr Handeln nach den deutschen Gesetzen ausrichten, indem sie diese befolgen und sich auf friedliche und harmonische Weise in das soziale Gefüge Deutschlands eingliedern. Kurzum Straftäter und nicht Integrierbare sollen seiner Meinung nach also nicht dauerhaft geduldet werden, sondern mittelfristig abgeschoben werden. Das Wort Remigration wäre dafür nur ein neuer Begriff und meint nichts anderes als das, was der Staat ohnehin in solchen Fällen machen kann und hin und wieder ja auch tut, nämlich Menschen abzuschieben. Im Fall von Sellner beispielsweise hätten die Behörden kaum Hemmungen, eine Abschiebung sofort zu exekutieren, wenn sie die nötige Handhabe hätten.

Man kann es sich bildhaft so vorstellen:

Jemand lädt seine Nachbarn zu einer Gartenparty ein. Insgesamt kommen vierzig oder fünfzig Leute. Doch unter diesem Personenkreis sind einige, die die Regeln des Hausherrn oder sagen wir besser des Gastgebers nicht einhalten wollen. Sagen wir, sie würden beispielsweise dadurch auffallen, dass sie Dinge aus dem Haushalt des Gastgebers einstecken, mithin also stehlen wollen, dass sie andere Gäste bedrängen oder belästigen, dass sie für Unruhe und Unfrieden sorgen, indem sie pöbeln oder für Angst sorgen. Hier würde jedermann verstehen, dass es dann die Aufgabe des Gastgebers ist, diesen Personen die Tür zu weisen und sie aufzufordern, die Party zu verlassen. Sie hatten ihre Chance, doch aus einem bestimmten Grund wollten sie diese für ihre eigenen Zwecke nutzen und ummünzen. Und das ist aufgefallen. Negativ.

Wollen diese Personen jetzt aber das Grundstück des Gastgebers nicht verlassen, so gilt das Hausrecht und die Möglichkeit des Gastgebers, auch gegen deren Willen sein Hausrecht durchzusetzen, weil eine Nötigung, also mithin ein Straftatbestand vorliegt. Der Hausherr kann dies selbstständig und sofort umsetzen, denn der hat ja auch die Verantwortung für die anderen Besucher, beziehungsweise für seine Familienangehörigen und für seinen Grund und Boden.

Nun behaupten die Störer aber, sie hätten trotzdem ein Recht zu bleiben.

In etwa so absurd ist die Situation derzeit in der Bundesrepublik Deutschland, wo wir tagtäglich erfahren, dass es wieder eine tödliche Messerstecherei gab oder eine Gruppenvergewaltigung unter Beteiligung von Migranten. Und wir würden das hier nicht veröffentlichen, wenn es sich nicht tatsächlich so zu tragen würde, was aktenkundig ist und was ja selbst durch die Mainstream-Medien tagtäglich so bestätigt wird. Die Polizeistatistiken beweisen glasklar und unmissverständlich und für jeden objektiv nachvollziehbar, dass der überwiegende Großteil aller diesbezüglich begangenen Straftaten von (traumatisierten, gewalterfahrenen) Menschen mit Migrationshintergrund ausgeht.

Auch diesbezüglich ist ganz sicher nochmal eine klare Trennlinie zu ziehen zwischen Migranten, die sich bereits seit einiger Zeit auf dem Boden der Bundesrepublik Deutschland befinden und denen, die frisch über die Grenze infiltrierten sind. Ohne Einreisekontrolle und ohne Einhaltung oder unter Umgehung der legalen Zuwanderungsmöglichkeiten. Wer bitteschön würde solche Leute freiwillig bei sich zu Hause aufnehmen, um im Bild zu bleiben? Wohl niemand. Nicht einmal die härtesten Gegner von Martin Sellner. Auch nicht die

Angehörigen des Verfassungsschutzes und auch nicht die Angehörigen der Bundesregierung würden einen Messerstecher in ihrem Zuhause willkommen heißen wollen.

Nichts anderes verlangt Sellner, als das solche Person umgehend in ihre Heimatländer oder an einen dafür vorgesehenen Ort im Ausland abgeschoben werden, um die Gefahr für die eigene Bevölkerung möglichst zu minimieren. Sowas nennt man auch **Innere Sicherheit** liebe Frau Faeser.

Dass man über solche Zusammenhänge nicht frei reden darf und dass die Akteure mundtot gemacht werden sollen, ist ein deutliches Beispiel und ein Beleg dafür, dass einiges mit der Demokratieauffassung und der Verfassungstreue der befassten Organe nicht mehr in Ordnung zu sein scheint. Kann es also sein, dass einige unserer Behörden samt Mitarbeitern die Bodenhaftung verloren haben könnten und nach und nach selbst zum Beobachtungsfall für den Verfassungsschutz zu werden scheinen?

Wovon wir reden, soll noch einmal mit Zahlen belegt werden: Im Jahr 2022 betrug die Anzahl der nach Deutschland zugezogenen Personen 1,1 Millionen Menschen. Bei gleichbleibender Entwicklung kann sich jeder schnell ein Bild machen, inwiefern das Deutschland, das wir alle kannten, sich in kürzester Zeit vollständig verändern wird. Denn alle zugewanderten bringen **eigenen Regeln und Vorstellungen** aus ihrem jeweiligen kulturellen Umfeld, aus ihren Heimatländern mit nach Deutschland und es ist nicht davon auszugehen, dass sie diese in kürzester Zeit ablegen oder aufgeben werden.

Es liegt weiterhin auf der Hand, dass sich in diesem Zuge sehr schnell Parallel-Gesellschaften bilden können, die für den Staat und seine Behörden kaum noch erreichbar sind. Schwierig wird das, wenn ab einem gewissen Zeitpunkt ein

Übergewicht der Zugewanderten besteht und diese quasi Mehrheiten bilden, auch wenn dies teilweise nur in regionalen Fällen, wie bereits in einigen Regionen Deutschlands der Fall ist.

Dann kann es zum Beispiel dazu kommen, dass diese Subkulturen aus Migranten eigene Parteien gründen und dann nicht nur indirekt, sondern direkt Einfluss nehmen auf die Gesetzgebung. So kam kürzlich die Diskussion über die sogenannte Dava-Partei (Demokratische Allianz für Vielfalt und Aufbruch) auf, die in der Nähe zur türkischen Erdogan-Partei zu stehen scheint und demnächst an den bundesdeutschen Bundestagswahlen teilnehmen möchte.

Dann hätten wir den ersten Fall einer Partei, in der maßgeblich Migranten aktiv sind und die maßgeblich von Deutschen mit Migrationshintergrund gewählt würde, die aber nach wie vor ihre Wurzeln in diesem Beispiel in der Türkei suchen und sich weiterhin mehr dort verwurzelt fühlen als hier. Selbstverständlich kann dies zu Verwerfungen führen, weil letztendlich alle hier lebenden Bürger von Parteimaßnahmen betroffen sind. Wenn solch ein Beispiel Schule macht, dann ist nicht auszuschließen, dass in naher Zukunft Deutschland auch aus dem Ausland heraus regiert wird oder zumindest Mitbestimmungen aus dem Ausland heraus greifen könnten. Solche Verwerfungen wären dann irreversibel und könnten nicht einfach mehr umgekehrt werden. Dann wäre das Kind gewissermaßen schon in den Brunnen gefallen.

Weiterhin kommt hinzu, dass viele Zuwanderer illegal einreisen, also ohne gültige Ausweispapiere, ohne gültige Einreisepapiere und ohne gültiges Grenzverfahren hierher finden. Zum Beispiel könnten sie alle ihre Ausweisdokumente vorher in den Wald werfen und dann zu Fuß über die grüne Grenze einsickern, um dann hier bei uns in Deutschland Asyl zu beantragen. Läuft ein Verfahren, müssen sie bis zu dessen Abschluss untergebracht und versorgt werden. Sie erhalten Bürgergeld, werden also gut ausgestattet mit finanziellen Mitteln und können dieses Geld entweder verbrauchen oder in ihrer Heimat schicken. Sehr häufig scheint Letzteres wohl auch der Fall zu sein, so dass Steuergelder damit unabwendbar ins Ausland abwandern und nicht mal mehr der deutschen Wirtschaft zugutekommen können. Etwa die Hälfte des gesamten Bürgergeldaufkommens wird an dieses Klientel ausgeschüttet.

Nur nochmal zur Erläuterung: Ein Bürger ist jemand, der wahlberechtigter Staatsbürger dieses Landes ist. Frisch Zugewanderte sind demzufolge keine Bürger gemäß dieser Definition. Warum sie dann Anspruch auf ein durch Steuergelder finanziertes *Bürgergeld* haben, diese Frage kann letztendlich nur die Politik beantworten.

Anscheinend deshalb, weil dies politisch so *gewollt* ist. Dass im selben Atemzug deutsche Familien, die für ihren Lebensunterhalt sorgen müssen, nicht so schnell in den Genuss des Bürgergeldes kommen können beziehungsweise härter überprüft werden, als es eigentlich notwendig wäre, ergibt sich automatisch aus dieser Logik. Es ist vollkommen verständlich, dass auch deshalb Unmut in der Bevölkerung entsteht, wenn Menschen, die bisher nichts eingezahlt haben in unser Sozialsystem, ausgiebig davon profitieren können, und andererseits die Einzahler um ihre Existenz bangen müssen, was besonders in diesem Fall aktuell sichtbar wird. Das wird subjektiv als ungerecht empfunden und das ist objektiv ungerecht.

Der Abwanderungsdruck soll also gegen illegale Zuwanderer sowie nicht integrierbare Ausländer aufgebaut werden. Was damit nicht gemeint wäre, wäre deutsche Staatsbürger mit

Migrationshintergrund abzuschieben. Das würde ja auch de jure nicht funktionieren und daher keinen Sinn ergeben. Das ist weder das, was Sellner will, noch das, was beispielsweise Anhänger der AfD jemals diskutiert oder angesprochen hätten. Auf den Prüfstand gestellt werden jedoch alle, die die deutsche Staatsbürgerschaft noch nicht haben und sich auf die angesprochene Weise gesetzeswidrig verhalten haben und damit doch in deutlicher Art und Weise Zeugnis darüber abgelegt haben, dass sie auch in Zukunft wahrscheinlich nicht gewillt sind, die deutschen Rechte und Gepflogenheiten einzuhalten.

Damit würden sie ja im Übrigen auch nicht die Zulassungsvoraussetzungen für die Einbürgerung erhalten. Sie wären also ohnehin dauerhaft Ausländer ohne deutsche Staatsbürgerschaft und würden quasi als nicht Integrierbare oder als Straffällige geduldet werden. Damit würde man auch diesen Menschen keinen großen Gefallen tun, weil sie ja per se in einer Außenseiterrolle verbleiben würden. Insofern, und so wird Sellner verstanden, könnte also eine Chance auch für diese Menschen darin bestehen, in ihr Herkunftsland zurückzukehren, um dort einen komplette Neuanfang zu starten.

Anders sieht es jedoch aus mit den Zugewanderten, die sich gleich zu Anfang an die Gesetze halten, insbesondere nicht illegal einwandern und in der Folge die Gesetze und Gepflogenheiten der Bundesrepublik Deutschland achten und wertschätzen. Für diese halten Deutschland, aber auch Österreich, alle Wege offen, vollwertige Mitglieder des Staates zu werden und die Staatsbürgerschaft zu erhalten. Selbstverständlich steht man diesem Personenkreis respektvoll und wertschätzend gegenüber, und vor diesem Hintergrund macht Migration ja auch erst Sinn.

Um noch mal das vorhin verwendete Bild von der Gartenparty zu verwenden: **„Du willst bei der Party dabei sein? Dann halte dich einfach an die Regeln. Du bist jederzeit herzlich willkommen.“**

Und wir dürfen auch nicht vergessen, dass es kein anderes Land auf dieser Erde gibt, das so verfährt wie Deutschland oder auch Österreich, indem nämlich die Tore weit geöffnet werden und jedermann unabhängig seiner bisherigen Historie eingelassen wird und versorgt wird. Es gibt keine anderen Länder, die diese Methoden ebenfalls verfolgen würden. Ebenso wie in der Klimapolitik nimmt insbesondere Deutschland auch hierbei eine absolute Sonderstellung weltweit ein. Das sollte man wirklich nicht vergessen.

Wer also vorhat, umgekehrt zu migrieren, also beispielsweise nach Afghanistan, Syrien oder in Teile Afrikas auszuwandern oder nach China, Russland oder in die USA zu migrieren, muss sich verdammt nochmal an die Regularien halten, die für diese Länder gelten, oder er wird kurzerhand wieder an die Grenze zurückgebracht. Im besten Fall. Im schlechtesten Fall wird anders mit ihm verfahren. Das ist der Normalfall. Die Debatte, die also über das Stichwort "Remigration" entbrannt ist, muss auch vor diesem Hintergrund betrachtet werden und erscheint dann wesentlich harmloser als das, was derzeit in den Medien daraus gemacht wird.

So schütteln andere Länder nur den Kopf darüber, wie leicht man insbesondere nach Deutschland kommen kann und wie fürstlich man hier versorgt wird, mit allen nur denkbaren Annehmlichkeiten. Insgesamt sind derzeit etwa dreihunderttausend Menschen gerichtlich ausreisepflichtig in Deutschland, müssten also die Landesgrenzen umgehend verlassen, tun dies aber nicht. Der Staat sieht sich offenbar außerstande, diese

Maßnahmen zu exekutieren, schaut also stillschweigend zu, wie diese Leute weiterhin hierbleiben, denen man das Recht dazu eigentlich entzogen hat. Ist das im Sinne der anderen?

Wir reden also an dieser Stelle gar nicht von *zusätzlichen* Maßnahmen, sondern wir reden eigentlich zunächst mal beim Stichwort "Remigration" davon, dass die Ausreisepflichtigen zunächst mal tatsächlich ausreisen müssen. Wie man dies bewerkstelligt und umsetzt? Natürlich wird dies auch nicht von heute auf morgen gehen, und das weiß auch ein Herr Sellner und spricht von vielen Jahren oder Jahrzehnten, die dafür ins Land gehen werden. Und natürlich müssen humanitäre Grundsätze von Anfang bis Ende eingehalten werden. Das sollte sich von selbst verstehen.

Aber was ist es umgekehrt für ein Staat, der einerseits zwar anerkennt, dass Hunderttausende ausreisepflichtig sind, andererseits aber nicht in der Lage oder nicht willens ist, das Ganze umzusetzen? Hingegen will man eine *Einreise des Migranten* Sellners nach Deutschland verhindern, der aber bisher ganz offensichtlich kein bundesdeutsches Gesetz gebrochen hat und sich ganz offensichtlich an alle Regeln und Gepflogenheiten hält. Es scheint geradezu lächerlich, dass man hierüber keine Kritik äußern soll und dass jeder, der dies trotzdem wagt, gleich als Rechtsradikaler oder Rechtsextremer eingestuft wird.

Umgekehrt müsste es sein, wenn man dem logischen Menschenverstand, aber auch dem Verständnis der meisten anderen Länder auf dieser Erde folgen würde. Weshalb Deutschland auch hier eine absolute Sonderstellung einnimmt, das kann nur gemutmaßt werden. Vermutlich ist dieser Sonderweg von höherer Stelle gewollt und beabsichtigt und darf deshalb nicht hinterfragt werden. Diese Agenda steht auf dem Masterplan der internationalen Globalisten und verfolgt weitergehende Ziele. So jedenfalls die verschwörungstheoretische Annahme. Der Krieg der Informationen läuft auch hier auf Hochtouren.

3. Kapitel: Ein dunkler Masterplan der Globalisten?

Wenn derzeit mit allen Fingern auf Personen wie Martin Sellner gezeigt wird, so kann daran auch ein Ablenkungsmanöver bestehen. Ein ähnliches Verhalten kennen wir von Dieben, die laut in die Menge rufen: HALTET DEN DIEB! Für Kriminelle aller Hierarchien also keine ungewöhnliche Strategie von ihrem eigenen fragwürdigen Verhalten abzulenken.

Wir dürfen also einmal ein paar Schritte zurücktreten und den Blick weiten, um zu untersuchen, ob es möglicherweise andere rechtswidrige, illegale, mithin kriminelle Akteure gibt, die ein hohes Interesse daran haben, dass die ungehinderte und ungezügelte Migrationswelle weiterhin aufrecht bestehen bleibt oder sogar noch erhöht wird.

Worauf ich hinaus möchte, ist folgendes: Migration könnte nämlich auch ein Geschäftsmodell sein, auf viel höherer Ebene, nämlich auf globaler Ebene, wenn angenommen wird, dass durch die hierüber erzielten Effekte ein irgendwie gearteter *Gewinn* erzielt werden könnte.

Global betrachtet war Deutschland nämlich bisher eine sehr starke Wirtschaftsnation, die aber auch politisch immer wieder ihresgleichen gesucht hat. Deutschland war seit jeher berühmt für seine Innovationsfähigkeit auf wissenschaftlicher, wirtschaftlicher sowie künstlerischer Ebene. Deutschland ist nicht umsonst das Land der Dichter und Denker, der Erfinder und

Innovatoren auf allen Gebieten. Dies ist es, was unter anderem den positiven Ruhm Deutschlands in aller Welt begründet hat, natürlich neben Tugenden wie Fleiß, Disziplin, Ehrgeiz und anderen Charakterstärken. Aufgrund seiner Zwiegespaltenheit wegen dieser positiven Errungenschaften auf der einen Seite und den beiden verlorenen Weltkriegen mit all seinen Schattenseiten auf der anderen Seite gilt Deutschland weltweit als berühmt-berüchtigter Staat mit viel Licht, aber auch mit viel Schatten.

Aufgrund der langen Nachkriegsgeschichte, bei der Deutschland immer weiteren Abstand zu seiner dunkelsten Vergangenheit nahm, kamen die positiven Seiten glücklicherweise immer mehr zum Vorschein. Handel und gegenseitige Beziehungen, kultureller und wirtschaftlicher Austausch, traten immer mehr an die Stelle, wo früher Kriege und Konflikte gestanden hatten. Es gab kaum ein Land auf der Erde, dem die Bundesrepublik Deutschland nicht im Laufe ihrer Nachkriegszeit die Hand gereicht hätte, und es gab kaum ein Land, das diese Hand ausgeschlagen hätte. Auf dieser Ebene betrachtet drohte die Bundesrepublik Deutschland aber immer mehr zum globalen Konkurrenten der anderen Global Player, allen voran der USA, zu werden, aus deren Schatten sie sich immer weiter herausbewegte.

Was nun, wenn Deutschland in Zukunft beabsichtigt hätte, einen zu engen Schulterschluss zu Russland zu suchen? Russland verfügt über Unmengen an Bodenschätzen, die noch hunderte Jahre reichen werden. Deutschland wiederum verfügt über das technische wissenschaftliche Know-how, diese Bodenschätze in bares Gold zu verwandeln. Zusammen hätten diese beiden Länder so einen Einfluss, dass sie die USA schnell in den Schatten stellen könnten. Das fürchten die USA seit jeher, und es ist ein offenes Geheimnis, dass sie dies so gut wie möglich zu verhindern versuchen.

Offiziell gelten die USA als unser Verbündeter, doch spätestens seit den Ereignissen um die geheimnisumwitterte Sprengung von Nord Stream 2 müssen wir daran die bittersten Zweifel hegen. Immerhin handelt es sich dabei um einen der einflussreichsten Terroranschläge der Menschheitsgeschichte. Für Millionen von Menschen wird aufgrund des fehlenden Gases aus Russland nun alles teurer, und die Energieversorgung steht immer mehr auf der Kippe, sodass auch Blackouts ab sofort nicht mehr ausgeschlossen sind.

In dem berühmten Putin-Interview entlockte der amerikanische Journalist Tucker Carlson dem russischen Staatslenker kürzlich eine wichtige Aussage. Dieser gab nämlich zu bedenken, dass es im Grunde genommen nur sehr wenige Länder gibt, die einerseits ein sehr hohes Interesse an der Zerstörung von Nord Stream 2 gehabt haben könnten und andererseits gleichzeitig über die Möglichkeiten verfügen, solch eine Sprengung zu realisieren. Ohne den Namen USA auszusprechen, weiß heute im Grunde genommen jeder, der diesen Blick hinter die Kulissen gewagt hat, dass es hierbei nicht mit rechten Dingen zugegangen sein kann.

Offensichtlich hatte der amerikanische Präsident bei einer Pressekonferenz Ende 2022 in Anwesenheit des deutschen Kanzlers Scholz noch vor der Presse lautstark erklärt, dass die Amerikaner Nord Stream 2 ein Ende bereiten werden und dass sie über die Möglichkeiten dazu verfügen würden. Scholz stand damals daneben wie ein kleiner Schulbub und traute sich nicht, den Mund aufzumachen. Was kurze Zeit später geschah, wissen wir alle: Drei der vier Stränge wurden in die Luft gesprengt durch ein Spezialkommando, das über außergewöhnliche

Fähigkeiten verfügt haben muss. Kurze Zeit später wurde über die Washington Post, welche möglicherweise mit dem CIA Kontakte pflegt, ein Artikel lanciert, der angeblich nahelegen wollte, dass ein mehrköpfiges Team auf einer Segelyacht dieses Unternehmen ausgeführt haben soll. Später kam noch die Erkenntnis dazu, dass der ukrainische Geheimdienst seine Finger im Spiel gehabt haben soll.

Das Besondere an dieser Art der Faktenmanipulation war, dass zeitgleich Vertreter des öffentlich-rechtlichen Rundfunks in Deutschland **unabhängig** zu derselben Erkenntnis gelangt sein wollten und nicht ehrlicherweise zugegeben haben, dass ihnen jemand diese Story gesteckt haben muss (Washington Post, CIA). Durch solche und ähnliche Vorfälle kann man auch erkennen, für wie dumm diese Strippenzieher den Großteil der Bevölkerung halten müssen. Andererseits lässt es aber auch Rückschlüsse zu, wie wenig erfindungsbegabt die *Storyteller* dieser Kreise tatsächlich sind, wenn sie sich keine besseren und schlüssigeren Geschichten einfallen lassen können.

Jedenfalls ist es nun so weit gekommen, dass sowohl die schwedischen als auch die dänischen Strafverfolgungsbehörden die Ermittlungen tatsächlich eingestellt haben, was schlechterdings unmöglich ist bei der Tragweite dieser Vorfälle. Die Ermittlungen können selbst bei nicht voranschreitender Erkenntnislage niemals eingestellt werden, selbst wenn sie noch 30 Jahre länger dauern sollten. Allein die Tatsache, dass die Ermittlungen eingestellt werden, heißt, dass irgendjemand dies *gewollt* haben muss. Irgendwer, der von viel weiter oben und aus dem Hintergrund heraus agiert. Anders sind solche Vorgänge kaum denkbar.

Die Hintergründe zu Nord Stream 2 bedürfen eines eigenen Buches und sollten an dieser Stelle nur angerissen werden als großes Fragezeichen hinter der Aussage, dass die USA noch immer unsere Verbündeten sind. Nichts aber auch gar nichts würde nämlich rechtfertigen, wenn eines Tages herauskommen würde, dass eben dieses Land unsere Versorgungsinfrastruktur so ernsthaft in Mitleidenschaft gezogen haben könnte, dass nun Millionen Bundesbürger darunter zu leiden haben, was de facto der Fall ist.

Ergänzend sei noch erwähnt, dass der russische Präsident Putin nach wie vor daran festhält, dass über den verbleibenden und intakten vierten Strang von Nord Stream 2 gerne jederzeit Gas nach Deutschland transportiert werden kann, sofern es die deutsche Regierung zulässt. Aber dass sie dies *nicht* zulässt, lässt ebenfalls tief blicken und ist als belegt zu werten, dass die aktuelle deutsche Regierung unangefochten hinter den Vorgaben aus den USA steht. Ist die Bundesrepublik also tatsächlich nur ein Vasall der USA und ist diese bereits zum Abschluss und zur Plünderung freigegeben worden?

Lange kursieren schon Verschwörungstheorien zu der Frage, ob es geheime Strippenzieher im Hintergrund gibt, die die Geschicke der Welt durch ein globales Netz an Finanz- und Politikstrukturen steuern. Der Sitz wird in den USA vermutet. Das Besondere an dieser möglichen Geheimstruktur ist eben, dass man so wenig über sie weiß, dass man sie kaum fassen und analysieren kann.

Man könnte sie also höchstens an ihren Früchten erkennen.

Also beispielsweise an der Zerstörung von Nord Stream 2, wenn dies denn so wäre. So wird auch die direkte Zusammenarbeit mit den Geheimdiensten vermutet, und es stehen weiterhin geheime Kooperationen mit den Medienkartellen im Raum. Denn schließlich spielt bei der Manipulation der

Bevölkerung eine entscheidende Rolle, ob und wie man die Köpfe der Menschen so erreicht, dass sie bereitwillig diesen Weg mitgehen. Dazu benötigt es eingängiger Narrative, die so früh wie möglich in die Köpfe der Menschen eingepflanzt werden, damit diese auf Spur gebracht werden.

Jedenfalls können wir erkennen, dass die Mainstream-Medien, also der überwiegende Anteil der öffentlich-rechtlichen Medien in Form von Rundfunk und Fernsehanstalten, aber auch von Printmedien bis hin zu Verlagen, in gewissen Fragen nicht mehr zu widersprechen imstande sind.

Das war bei den Corona-Maßnahmen der Fall, das ist bei der Klimahysterie der Fall, und es bezieht sich auch auf die Zuwanderungskrise, sowie aktuell auf den Krieg in der Ukraine. In all diesen genannten Fällen nehmen die genannten Medien zu 99% keine abweichenden Meinungen zur Kenntnis, sondern immer nur Zustimmung. Jedem Laien muss auffallen, dass dies nicht Aufgabe und Zweck von Journalisten ist, ein einhelliges Lied zu singen und dabei die Arbeiten und Vorgaben der Regierung noch mehr zu verstärken, anstatt sie zu kritisieren.

Aufgabe von Medien ist es nicht *Haltung* zu zeigen, wie jetzt neuerdings immer so schön behauptet wird, sondern Aufgabe von Medien ist es, den Finger so in die Wunde zu legen, dass es den Verantwortlichen hier und da weh tut und sie geoutet werden. Nur auf diese Weise kann immer wieder der Wahrheit zum Durchbruch verholfen werden, und auf diese Weise kann die Bevölkerung die notwendigen, wichtigen Detailinformationen erhalten, die sie zur Meinungsbildung tatsächlich benötigt. Ansonsten haben wir durch die Medien keinen Meinungsbildungsprozess mehr, sondern eher so etwas wie einen Gehirnwäscheprozess.

Doch welche Interessenlage könnte nun vorherrschen, dass Deutschland einen möglicherweise geplanten Bevölkerungsaustausch über sich ergehen lassen müsste? Nun, wie schon weiter oben angesprochen, war die deutsche Nation bisher Spitzenreiter der Technologieentwicklung, aber auch kulturell und allgemein beim Vordenken neuer Innovationen führend, und das weltweit. Die Gefahr war nicht von der Hand zu weisen, dass Deutschland aufgrund dieser Überlegenheit einen engen Schulterschluss zu Russland suchen würde, aber darüber hinaus ganz allgemein auch genauso gut der Quell von Widerspruch und Vormachtstellung hinsichtlich einer alternativen Deutungshoheit hätte werden können. Die USA dulden aber keine weiteren Rivalen, und so könnte vermutet werden, dass ein hohes Interesse von hier herrschen könnte, Deutschland irgendwie zu schwächen, zu destabilisieren.

Auch ist die deutsche Bevölkerung über die Jahrzehnte zu selbständig und zu selbstbewusst geworden und zu wenig bereit, auch in Zukunft blinde Gefolgschaft zu leisten. Durch einen Bevölkerungsaustausch in Form von massenhafter Zuwanderung aus aller Herren Länder könnte man also unter Laborbedingungen den Zustand der deutschen Gesellschaft diesbezüglich grundlegend *verändern*. So könnte Deutschland über die Jahre und Jahrzehnte hinweg seine Innovationskraft dadurch verlieren, dass Firmen und Ingenieure ins Ausland, am besten sogar in die USA, abwandern und ihr Know-how gleich mitnehmen.

Um die Arbeitskapazität Deutschlands weiterhin zu sichern, aber auch um zukünftig Soldaten in Form von Streitkräften für etwaige Kriege zu haben, dürfte es eher eine unreflektierte und schlicht gebildete Bevölkerungsmasse brauchen, die dazu möglicherweise eher bereit wäre. Diesen Effekt könnte man zumindest in der Theorie durch die massenhafte Zuwanderung erreichen, um eine diesbezügliche Sensibilisierung für Kritikfähigkeit künstlich herabzusenken. Die daraus entstandene Bevölkerungsmasse würde irgendwann eher wieder bereit sein, stupide Verrichtungsdienste zu erledigen, anstatt hochgeistige Vorgänge und Systemkritik anzustreben.

Deutschland würde sich also nicht nur strukturell verändern, sondern würde auch innerstaatlich und außerstaatlich destabilisiert werden und so leichter kontrollier- und verwaltbar bleiben durch den großen Bruder, der, wenn man dieser Theorie folgen mag, nichts Besseres im Sinn hätte, als die Deutschen und ihre Fähigkeiten auszubeuten und zu benutzen für eigene Zwecke.

Schließlich würde ein solches Vorgehen auch über weitere Jahrzehnte die Vormachtstellung der USA in diesem Bereich der Erde sicherstellen und Geschäftsabschlüsse im mehrere Billionen-Dollar-Bereich sichern. Natürlich kann man eine solche Story den Menschen nicht verkaufen, weil das niemand freiwillig mitmachen würde. Es bedarf also eines eingängigen Narrativs, warum massenhafte unkontrollierte Zuwanderung trotzdem etwas Gutes ist. Und nun wird ein Konstrukt errichtet, dass uns alle glauben machen soll, dass Zuwanderung **ausschließlich positive Aspekte** hat.

Alle negativen Aspekte werden dabei ausgeblendet, ebenso wie die wahren Absichten der möglichen Drahtzieher im Hintergrund. Es entsteht ein romantisch verklärtes Bild, das mit der Realität nichts, aber auch gar nichts zu tun hat. Es wird an die Menschlichkeit appelliert und an den Vorteil von Vielfalt und Buntheit. Und jeder, der eine andere Meinung hat, ist automatisch ein Rechtsradikaler, ein Rechtsextremer oder ein Rassist. Was wohl niemandem entgangen sein dürfte, ist, dass es heutzutage Usus ist, die Wichtigkeit der Schwarzen

Menschen bei jeder besten Gelegenheit zu betonen, aber sobald man diese Methode für weiße Menschen anwendet, gilt man als Rassist. Black Lives Matter ist okay. White Lives Matter hingegen überhaupt nicht.

Und hieran kann man wunderbar erkennen, dass es sich nicht um einen Menschensegen handeln kann, so vorzugehen, sondern um eine weitere Ideologie, die über die Menschen ausgeschüttet wird, ohne dass die meisten sich dessen wirklich bewusst sind. Vielleicht ist die breite Masse der Menschen zu dumm, um zu begreifen, was hier tatsächlich im Hintergrund gemacht wird. Denn mittlerweile erleben wir überall in der Werbung, im Film, auf Plakaten und in Texten, dass nicht etwa die Vielfalt gefördert wird, sondern vielmehr neue Stereotype geschaffen werden, in denen die sogenannten Weißen eine Außenseiterrolle einnehmen sollen.

Insbesondere sogenannte *weiße, toxische Männerrollen* scheinen so sehr der Vergangenheit anzuhören, dass man sich mit ihnen besser nicht offiziell identifizieren möchte, will man nicht sofort ins Abseits geraten.

Kurzum: Viele Zeichen deuten derzeit darauf hin, dass es von Übersee aus gewollt sein *könnte*, dass ein sogenannter Bevölkerungsaustausch unbedingt forciert werden muss, um die Ziele der Auftraggeber auch weiterhin langfristig zu sichern. Dafür scheint möglicherweise jedes Vorgehen recht zu sein. Insbesondere, wenn wir uns das Verhalten der aktuellen deutschen Regierung anschauen, so könnte dieser Verdacht möglicherweise auch dadurch Bestätigung finden, dass die innere Sicherheit und deren Bedrohung durch Migrantenkriminalität derzeit überhaupt keine Beachtung zu finden scheint.

Wie kann dies anders zu erklären sein, als dass man unbedingt an dieser Marschroute festhalten will, koste es, was es wolle? Andernfalls müsste die Regierung ja alles in ihrer Macht stehende tun, um diesem Treiben Einhalt zu gebieten. Doch als Gefährder werden regelmäßig andere eingestuft, nämlich die, die auf diese Gefahren *hinweisen* und Lösungen von der Politik wünschen (Sellner & Co.).

Ins Visier der Ermittler geraten derzeit nur solche Staatsbürger, die mit der derzeitigen Politik unzufrieden sind und sich deshalb entweder politisch in Oppositionsparteien (AFD) oder auf Demonstrationen (Anti-Corona-Maßnahmen-Demonstration, Bauerndemos) oder durch das Verbreiten von Schriften oder telemedialen Inhalten (COMPACT, AUF 1) hervortun. Diese Fraktionen werden zum Staatsfeind Nummer Eins erklärt, und es werden alle zur Verfügung stehenden staatlichen Ressourcen derzeit eingesetzt, um auf YouTube, Telegram und Co. deren Inhalte und Statements zu unterminieren.

Mit Hilfe von Steuergeldern wird also ein Staatsapparat in Betrieb gehalten, der gegen seine eigenen Bürger vorgeht, die unbescholten sind und nur den Wunsch haben, dass Deutschland weiterhin so bleibt, wie es ist, und dass auch die Verfassung unbeschadet Bestand haben wird. Insofern ist es tatsächlich unfassbar, was hier in diesem Land gerade vor sich geht. Aber auch in Österreich, dem Herkunftsland von Martin Sellner, verhält es sich nicht viel anders.

So hören wir tagtäglich von tödlichen Messerattacken, in den meisten Fällen begangen von Migranten aus Afghanistan, Syrien und so weiter – Menschen, die ganz sicher traumatisiert sind und selbst schlimmste Erfahrungen hatten oder aber tiefere böse Absichten hegten, schon bevor sie nach Deutschland eingereist waren. So genau wissen wir das nicht, denn niemand hat sie vor oder auch nach der Einreise je diesbezüglich überprüft. Niemand kennt diese Leute und weiß über ihre Beweggründe Bescheid.

Darüber zu sprechen, macht einen sofort zum rechten Verschwörungstheoretiker. Besser ist es also, die Konsequenzen still zu ertragen und abzuwarten. Leute wie Sellner und andere, die auf dem sogenannten geheimen Treffen in Potsdam anwesend waren, haben darauf schlicht keine Lust mehr und überlegen sich sinnigerweise Lösungen, die, wenn auch langfristig, hier für Abhilfe sorgen *könnten*. Dabei handelt es sich überhaupt nicht um radikale Vorschläge, sondern es handelt sich erstmal um Vorschläge, die auf geltendem Recht basieren, weil es durch die aktuelle Politik, auch in Form der aktuellen Regierung, keinerlei alternative Vorschläge dazu bisher gibt.

Menschen wie Sellner oder auch Parteien wie die AFD sind doch nur deshalb mittlerweile so gefragt, weil die Regierenden keinerlei Lösungen anzubieten bereit sind und dies auch offen zugeben. Das ist aber nicht der Sinn einer Demokratie, dass Regierungen gegen den Widerstand der eigenen Bevölkerung Leitlinien durchsetzen, mit denen die Bevölkerung nicht leben möchte. Die Regierung scheint dies im Moment anders zu beurteilen. Sie sieht sich verrückterweise immer mehr in der Rolle einer alleinherrschenden Instanz, die tun und lassen kann, was sie möchte.

Der Wählerwille wird immer weniger verstanden oder überhaupt ins Kalkül gezogen. Somit stellt sich auch hier die Frage, wer die Nutznießer dieser sehr einseitigen Politik sein könnten. Nicht selten erfahren wir, dass hochrangige Politiker, die derzeit das Sagen bei uns in Deutschland haben, auch Angehörige des **World Economic Forums** sind und zu den sogenannten Global Leaders gehören. Einem globalen und elitären Zirkel von weltweiten Akteuren, die in Politik, Wirtschaft und

Medien das Sagen haben. Könnte es also sein, dass auch von dort gewisse Instruktionen unsere deutsche Politik bereits beeinflussen und Mehrheitsmeinungen überstimmen? Können wir das dann noch guten Gewissens Demokratie nennen oder ist das dann bereits doch schon Totalitarismus und der Weg in einen neuen Faschismus, so wie wir ihn ja schon mehrfach erlebt haben?

Deutschland kennt den Nationalsozialismus des Dritten Reichs und den Sozialismus der DDR. Beides waren absolute Unrechts-Regime, die die grausamsten Menschenrechtsverstöße begangen haben, die man sich nur vorstellen kann. Auch in diesen Regimen war es üblich, die Mehrheitsmeinung auszuschalten, und staatliche Behörden hatten nichts Besseres zu tun, als die Bestrebungen ordentlicher Bürger so gut es ging zu unterdrücken, um ihre eigenen Ziele zu forcieren.

Wäre Martin Sellner ein Migrant, würde aktuell die ganze Welt protestieren, warum ihm die Einreise nach Deutschland verwehrt wird und warum man ihm das Leben hier so schwer macht. Ebenso würde die Frage aufkommen, warum er in seinem Heimatland Österreich bei jeder sich bietenden Gelegenheit angegangen wird. Doch Sellner ist kein Migrant, sondern ein Österreicher, also Europäer, dessen Wurzeln hier liegen. Zudem bekennt er sich gemeinsam mit seinen Gleichgesinnten zur sogenannten Identitären Bewegung.

Aktuell wird jeder Migrant besser behandelt als Sellner und seine Kameraden – wirklich jeder. Was sagt das über den Zustand unseres Landes aus? Und was sagt es über den Zustand der in unserem Land lebenden Bevölkerung aus, die scheinbar keinen Anstoß daran nimmt, sondern stillschweigend mitmarschiert, auch wenn es wieder einmal in Richtung Abgrund geht – so wie schon zweimal in der Geschichte Deutschlands?

4. Kapitel: Das sogenannte Geheimtreffen von Potsdam

Die AFD befindet sich seit einigen Monaten im Aufwind was die Umfragewerte zur zukünftigen Bundestagswahl in Deutschland angeht. Rund ein Fünftel wenn ich sogar ein Viertel aller Deutschen würde nach derzeitigem Stand die AFD wählen. Böse Zungen munkeln, dass man auch diesen Umfragen nicht auf den letzten Punkt vertrauen kann und gegebenenfalls die Umfragewerte, die für die AFD sprechen, sogar noch höher sein könnten, wenn wir nämlich davon ausgehen, dass auch bei Umfragen sozial erwünschte Antworten gegeben werden, die aber nicht dem tatsächlichen Wahlverhalten in der Wahlkabine entsprechen würden.

Jedenfalls haben diese Umfragewerte ein Umdenken in der Regierung, aber auch in den beauftragten Behörden hervorgerufen. Nicht zuletzt könnte sich daraus eine Art Selbstverstärkung ergeben, nämlich dass auch weitere Menschen erkennen, dass es sich mittlerweile lohnen könnte, die AfD zu wählen, und über diesen Weg schnell eine absolute Mehrheit entstehen könnte, die dann die politische Landschaft in Deutschland komplett umkrempeln würde.

Der Verfassungsschutz, der mittlerweile eher wie ein "Regierungsschutz" wirkt, sieht sich auch deshalb in der Pflicht, an diesen Verhältnissen etwas zu verändern. So äußerte sich dessen Chef Haldenwang in einem Fernsehinterview am 20. Juni 2023 gegenüber dem Reporter Christian Sievers vom ZDF.

Der genaue Wortlaut war:

"Umso wichtiger ist es, dass wir über diese Partei und ihre Bestrebungen aufklären. Über das, was die Gefahr dieser Partei für unsere Demokratie, für unsere freiheitliche Grundordnung ausmacht. Und natürlich soll das auch die gesellschaftlichen Kräfte mobilisieren, sich diesem Trend stärker entgegenzustellen. **Denn nicht allein der Verfassungsschutz ist dafür zuständig, die Umfragewerte der AfD zu senken.** Dazu haben wir keinerlei Möglichkeiten. Aber wir können die Bevölkerung wachrütteln, wir können Politiker wachrütteln, und der Kampf für unsere Demokratie muss in die Gesamtgesellschaft geführt werden."

Im Januar 2024 war es dann so weit, und es sollten nun eben diese Schritte folgen. Man könnte also vermuten, dass in der Zwischenzeit von Juni bis Januar entsprechende Vorkehrungen getroffen worden waren, um nun die angekündigten Maßnahmen umzusetzen.

Die Presse berichtete von einem sogenannten *Geheimtreffen* im November 2023, das vom Medienhaus Correctiv infiltriert und mit eindeutig geheimdienstlichen Methoden observiert wurde. Als Quintessenz ergab sich ein Artikel auf dieser Rechercheplattform, der auch jetzt noch im Internet nachzulesen ist. Zeitgleich sprangen alle großen Mainstream-Medien auf den Zug auf und berichteten von dem sogenannten Geheimtreffen.

Das Berliner Ensemble veröffentlichte nur wenige Tage nach dem Bericht von Correctiv ein eigens dafür arrangiertes Theaterstück. Spätestens an dieser Stelle muss man sich fragen, ob hier alles mit rechten Dingen zugegangen sein kann, denn ein Theaterstück benötigt Vorbereitung in Form von Texten, Proben, Requisiten und dergleichen mehr und kann nicht innerhalb weniger Tage aus dem Boden gestampft werden. Waren also alle Beteiligten bereits im Vorfeld in eine Art konzertierte Geheimdienstaktion involviert? Es sieht ganz danach aus.

Mittlerweile liegen weitergehende Erkenntnisse vor. Zunächst war die Rede davon, dass Correctiv diese Observationen in Potsdam übernommen haben sollte. Doch später kam heraus, dass Correctiv durch den Verfassungsschutz unterstützt wurde. Jeder ordentliche Geheimdienst, so auch der Verfassungsschutz, verfügt über geheimdienstliche Methoden wie Abhören, Beobachten, Infiltration und dergleichen mehr und ist berechtigt, diese Mittel zum Schutz der Verfassung gegen mögliche Feinde anzuwenden. Jedoch müssen Gründe vorliegen, die dies rechtfertigen. War dies hier der Fall?

Es gibt Gerüchte, dass der Verfassungsschutz die Correctiv-Recherche mit geheimdienstlichen Methoden unterstützt haben könnte, indem Abhörwanzen und geheime Kameras installiert wurden. Auch liegt der Verdacht nahe, dass der Geheimdienst möglicherweise Telefonate abgehört hat, um nähere Informationen zu diesem Treffen zu erhalten bzw. mindestens einen Kontaktmann eingeschleust haben könnte.

Interessanterweise scheint der Verfassungsschutz keinerlei strafrechtlich relevante Erkenntnisse hierüber erlangt zu haben, so dass am Ende feststeht: Anscheinend haben sich alle Teilnehmer des sogenannten Geheimtreffens gesetzeskonform und wahrscheinlich ebenfalls verfassungskonform verhalten. Deshalb stellt sich die Frage, worüber man eigentlich redet.

Aber auch Correctiv musste mittlerweile erheblich zurückrudern. Die Journalisten hatten anfangs von Deportationsplänen berichtet, mussten jedoch eingestehen, dass dieser Begriff während der Konferenz überhaupt nicht gefallen war, genauso wenig wie anscheinend zu keinem Zeitpunkt über Vertreibungspläne debattiert wurde. Es handelt sich vielmehr um eine nachträgliche Interpretation von Correctiv, für die es in der Realität keine Anhaltspunkte gibt.

Es sind also *Erfindungen*, die hier verlautbart wurden. Correctiv hat deshalb auch mehrfach seinen im Internet veröffentlichten Bericht verändert und angepasst, auch vor dem Hintergrund, dass nun die Teilnehmer des Treffens Klagen vor Gericht eingereicht hatten, um gewisse Aussagen und Rufschädigungen zurückzunehmen. In einem einstweiligen Anordnungsverfahren vor dem Landgericht Hamburg unterlag Correctiv kürzlich diesbezüglich.

So bröckelt die Fassade erheblich, was die Glaubwürdigkeit dieser Journalisten angeht. Nichtsdestotrotz kam es kurz nach der Veröffentlichung des Artikels zu einer bundesweiten Demonstrationswelle, die anscheinend aus dem Nichts ins Leben gerufen wurde. Auch hier war auffällig, dass Demonstrationen normalerweise eine Vorbereitung benötigen und dass man Menschen mobilisieren muss, wofür sicherlich einige Wochen, wenn nicht Monate, Vorbereitungs- und Mobilisierungszeit nötig sind.

Nicht so in diesem Fall, denn aus dem Nichts standen plötzlich Tausende bereit, um gegen die AfD auf die Straße zu gehen. Aber auch Kunstschaffende wurden in die Verantwortung gezogen, indem sie öffentlich und über die Medien, aber auch auf den Bühnen – besonders auf der kürzlich stattgefundenen Berlinale – Stellung gegen die AfD bezogen.

Die AfD ist plötzlich zum Feindbild Nummer 1 geworden, und niemand in Medien und Politik nimmt noch Anstoß daran, wenn diese Oppositionspartei als demokratiefeindlich und rechtsextrem bezeichnet wird – was erschreckend ist. Denn wenn Menschen bei Demonstrationen im Gleichschritt mit Plakaten marschieren, auf denen steht "AfD-ler töten", dann müssen wir uns alle an die dunkelsten Zeiten Deutschlands erinnert fühlen, denn so etwas gab es schon einmal. Umso trauriger ist es, dass solche Demonstrationen sogar von der Polizei begleitet werden, die bei offensichtlichen Straftaten nicht mehr einschreitet, sondern die Straftäter gewähren lässt und sie damit in ihrer kriminellen Haltung noch bestätigt.

Aber auch *Regierungsclowns* wie der Satiriker Böhmermann heizen angeblich zu Hass und Mord an. So sagte dieser in seiner Sendung "ZDF Magazin Royale":

"Nicht immer die Nazikeule rausholen, sondern vielleicht einfach mal ein paar Nazis keulen."

Diese Aussage konnte leicht so verstanden werden, dass zu Gewalt gegen Nazis aufgerufen wird, ein Aufruf zum Mord. Später wurde durch die Redaktion das Ganze relativiert und in ein anderes Licht gerückt. Demzufolge sollte "Nazis keulen" bedeuten, Nazis einen runter zu holen. Für mich klingt das Ganze eher wie eine nachträgliche Ausrede, aber gut.

Spulen wir also noch einmal zurück und erinnern uns an die Aussage des Präsidenten des Bundesamtes für Verfassungsschutz. Rund ein halbes Jahr später kam es also zu einer durch das Bundesamt offenbar unterstützten, konzertierten und großflächig abgestützten Aktion, mit der die AfD ganz offensichtlich geschwächt werden sollte. In der Tat verlor die AfD in der Sonntagsumfrage zur Bundestagswahl nur wenige Prozentpunkte, wobei man hier annehmen kann, dass dieser Effekt auch durch das Auftreten der sogenannten Wagenknecht-Partei entstanden sein könnte. Somit wäre also der ganze

Aufwand mehr oder weniger umsonst gewesen. Wie so oft in der Vergangenheit.

Wenn diese Annahmen zutreffen, handelt es sich aber ganz sicher um einen der größten Skandale der Bundesrepublik Deutschland, in dem eine zugelassene und sich zur deutschen Verfassung und deutschen Gesetzen bekennende Opposition mit Mitteln des Staates, sogar mit geheimdienstlichen Methoden, beseitigt werden sollte, um den Regierenden den Weg zu ebnen.

Um es auf den Punkt zu bringen: Das wäre nicht nur demokratiefeindlich, es wäre verfassungsfeindlich, es wäre totalitär, und es hätte ganz sicherlich auch faschistische Züge. Ein solches Verhalten würden wir Deutsche sofort monieren, wenn es anderswo in einem beliebigen Land dieser Erde vorkommen würde. Dass so etwas bei uns in Deutschland noch einmal passieren würde, hätten wir bis vor einigen wenigen Jahren niemals angenommen. Doch diese Entwicklung macht den Punkt deutlich, an dem wir mittlerweile stehen, und dann muss ich mich fragen, ob wir bereits über den **Point of no Return** hinweg sind oder ob das Ganze doch noch aufzuhalten ist.

Jedenfalls hat ein Verfassungsschutz definitiv nicht die Aufgabe, das Regierungshandeln unkritisch zu forcieren, sondern er hat viel mehr die Aufgabe, die Werte der Verfassung zu schützen und dabei völlig objektiv und unvoreingenommen zu sein. Kann es sein, dass der Verfassungsschutz selbst schon ein Fall für den Verfassungsschutz ist? **Und was bedeutet das für den Schutz unserer Verfassung, wenn sie derzeit ganz offenbar ungeschützt ist, denn nichts anderes würde das ja bedeuten?**

Zurück zum sogenannten Geheimtreffen. Allein schon der Begriff ist eine Farce, denn es handelt sich nicht um ein

Geheimtreffen, sondern um ein *Treffen*. Und wie es üblich ist in Deutschland, kann man sich treffen und verabreden, ohne dass man den Staat oder eine Behörde hierüber vorher in Kenntnis setzt, auch wenn das mittlerweile anscheinend gerne so erwartet wird und dies in der Corona-Krise so ähnlich praktiziert wurde.

Menschen treffen sich ständig und überall, und die tatsächlichen Geheimtreffen finden ja wohl eher zwischen Regierungschefs, Vertretern des World Economic Forums oder zwischen den angesprochenen Geheimdiensten und ihren Kontaktpersonen statt. Wenn sich aber Menschen zu einer privaten Vortragsreihe treffen, handelt es sich per Definition nicht um ein Geheimtreffen.

Es als solches zu bezeichnen ist also eine psychologische Maßnahme, die man als Framing definiert. In den Menschen soll also etwas ausgelöst werden, wenn sie dieses Wort vernehmen und dann noch in Zusammenhang mit den Worten *Deportation* oder *Vertreibung*. Das löst Emotionen aus, die ein Denken an der Stelle unmöglich werden lassen und zu Handlungen wie Demonstrationen oder Aufrufen zu Gewalt anregen. Natürlich nur, um Schlimmeres zu verhindern, ist klar. Das sind psychologische Methoden, die hier bewusst ins Kalkül mit einbezogen wurden.

An dem Treffen war also nichts geheim, und es war auch nichts strafrechtlich Relevantes zu finden, so jedenfalls der bisherige Erkenntnisstand. Neu war bis hierhin, dass der Verfassungsschutz es für seine Aufgabe erachtet hat, solche Privattreffen mit dienstlichen Methoden zu infiltrieren. Solches Verhalten ist sonst durch die Stasi aus der ehemaligen DDR bekannt geworden, und was haben wir in der Nachwende-Ära darüber gelästert, wie die Verhältnisse in der damaligen DDR waren. Nun also DDR 2.0? Ernsthaft?

Kaum jemand scheint das im Moment zu blicken, was hier auf deutschem Boden passiert. Und böse Zungen munkeln, das sind erst die zarten Anfänge und bald könnten solche Dinge zur Gewohnheit werden.

Im selben Atemzug wurde nun das neue sogenannte Demokratiefördergesetz durch die Bundesregierung vorgestellt. Es schlägt in dieselbe Kerbe und legt den Verdacht nahe, dass es rechtswidrig und sogar verfassungswidrig sein könnte. Was die Bundesregierung nämlich unter Demokratieförderung versteht, ist in der Tat folgendes:

Verfolgt werden sollen nun alle, nicht nur rechtsradikale oder rechtsextreme, sondern allein rechte Tendenzen jedweder Art, die angeblich dazu geeignet wären, die Demokratie zu gefährden. Als Eingriffsschwelle würde bereits der *Verdacht* reichen, was diesbezügliche Strafgesetze ad absurdum führen würde und sie de facto durch Anordnungen und Weisungen ersetzen würde.

Selbstverständlich werden nur solche (linken) Organisationen unterstützt, die dieses Ziel ins Auge fassen. Nun kommt aber noch hinzu, dass man bei der Prüfung, welche Vereine oder NGOs hierbei beteiligt werden sollen, und durch Steuergelder mitfinanziert werden sollen, gar nicht so genau hinschauen will, ob diese selbst auf dem Boden der Verfassung sind. Das bedeutet im Klartext, dass es in der Realität vorkommen kann und möglicherweise sogar gewollt sein könnte, dass linksextreme Organisationen in den Genuss von Steuergeldern kommen können, um das Regierungshandeln zu forcieren, gegen die Widerstände der Opposition, also gegen rechts.

Dabei sollen nicht nur die AfD als rechts eingeordnet werden, sondern alle Parteien, die im Spektrum rechts von der aktuellen Regierung stehen, also mithin auch CDU und CSU. Das würde mittelfristig gesehen einer Ausschaltung jeglicher Opposition gleichkommen und den Charakter einer Einheitspartei und einer Einheitsregierung fördern. Wie gesagt, die DDR 2.0 wartet hier am Horizont.

All diese Ereignisse treten konzertiert innerhalb weniger Tage und Wochen hintereinander gestaffelt auf, so dass man ganz sicher nicht mehr von einem Zufall ausgehen kann, sondern von gewollten Vorgängen. Die Gerichte sind gar nicht so ausgestattet, um in dieser kurzen Folge und derselben Geschwindigkeit darauf reagieren zu können, sodass mit diesbezüglichen Gerichtsentscheidungen erst Monate, wenn nicht sogar Jahre später zu rechnen sein wird, bis die ganzen Hintergründe hierzu geklärt sind.

Eingangs hatte ich ja schon erklärt, wie die Exekutive, zu der ja die Bundesbehörden und Ämter gehören, diese Lücke des Systems auszunutzen im Stande ist und dies anscheinend auch tun könnte. Es werden einfach Fakten geschaffen, in dem Wissen, dass die Gerichte gar nicht so schnell hinterherkommen können, um hierauf geeignete Antworten finden zu können. Insofern müsste man diese Handlungsweise in Summe als perfide bezeichnen. Oder eben ironischerweise als *Geheimplan* betiteln.

5. Kapitel: Das ist Sellners wahrer Geheimplan

Auf dem Nachrichtenportal Compact hat Martin Sellner sich ausführlich zum sogenannten Geheimtreffen vor laufender Kamera geäußert und seine Sicht der Dinge zum Besten gegeben. Er hat hierin bestätigt, dass es sich keinesfalls um ein Geheimtreffen gehandelt hat, sondern um ein nettes Beisammensein von Gleichgesinnten und Interessierten, also mithin um ein privates Treffen. Durch den Reporter wurde er gefragt, ob er bei dem Treffen auch die Deportation von deutschen Staatsbürgern gefordert haben könnte. Er verneinte dies vehement.

Anpassungsdruck, Streichung von Sozialleistungen und Einführung einer Bezahlkarte – wären seiner Ansicht nach allerdings Methoden, die auch andere Länder bereits erfolgreich angewendet hätten im Kampf gegen illegale Zuwanderung. Die Anreizsysteme sollten dementsprechend so verändert werden, dass Zugewanderte mehr in die Pflicht genommen werden und weniger Sofortleistungen erhalten würden. Das von Correctiv in Umlauf gebrachte Lügenkonstrukt von der sogenannten Deportation wäre nicht zutreffend, so Sellner gegenüber dem Reporter.

Ganz unverblümt bezieht Sellner Stellung und erklärt, was die Mainstream-Medien auf Geheiß der Regierung und der beteiligten Behörden verbreitet hätten: Es sollte in der Bevölkerung Angst geschürt werden, dass das Dritte Reich wieder vor der Tür stehen würde, und dazu würden entsprechende Lügen verbreitet, die vorher generalstabsmäßig vorbereitet wurden, um die entsprechende psychologische Wirkung zu erzielen. Diese Spezialisten gehen davon aus, dass die großen Teile der Bevölkerung blindlings ihren Medien vertrauen und veröffentlichte Nachrichten nicht weiter in Frage stellen. Schließlich möchte ja niemand als rechter Verschwörungstheoretiker gebrandmarkt werden, also glaubt man, was täglich über die Tagesschau flimmert.

Persönlich hat sich für Sellner einiges geändert. Auf YouTube und Co wird er weitestgehend zensiert, und trotzdem rückt er immer weiter in das Zentrum der medialen Betrachtung – zunächst ein Widerspruch, der ihm sogar nutzen könnte. Er selbst spricht von einer großen Welle des Hasses, die auf ihn geschwappt ist. Hut ab vor dem jungen Mann, wie gelassen er trotzdem mit so einem Druck umgeht, der auf ihm lastet. Andererseits sagt er, dass immer mehr Menschen offen ihre Zustimmung zu seinen Thesen und Äußerungen bekunden und ihm das mitteilen. Er spricht hier selbst von einer Art Robin-Hood-Charakter und der Tatsache, dass das Meinungsbild in der Bevölkerung polarisiert und gespalten ist. Das hat ja etwas Schlechtes und etwas Gutes zugleich, je nachdem, wohin man blickt.

Das Ziel der konzertierten Medien- und Politikkampagne sieht Sellner indessen nicht als realisiert an, was erstaunen muss, denn die Regierung hat so ziemlich alles aufgeboten, was sie aufbieten konnte. Ihr Ziel scheint sie aber verfehlt zu haben. Tatsächlich, so Sellner weiter, wurde das Stichwort "Remigration" aber über Nacht zu einem Begriff, der nun fast jedem zu Ohr gekommen sein dürfte und der zum Nachdenken anregt. So erhält auch die breite Öffentlichkeit nun die Gelegenheit, sich zu positionieren und sich eine eigene Meinung zu bilden, was vorher nur mit davorgehaltener Hand überhaupt möglich war.

Die Massendemonstrationen, die in Deutschland im Januar und Februar dieses Jahres stattgefunden haben, wertet Sellner übrigens als Zeichen der Schwäche. Seine Begründung ist so einfach wie einleuchtend: **Alle Teilnehmer der Anti-AfD-Demos hatten nichts zu befürchten.** Ganz im Gegenteil, sie konnten sich gegenseitig auf die Schulter klopfen und wurden in den Medien und in der Öffentlichkeit lobend hervorgehoben. Anders hingegen die Demonstration der Bauern, die auch schon wieder als rechts außen gebrandmarkt werden.

Systeme, die solche Demonstrationen fördern, würden seiner Ansicht nach nur Beweis darüber ablegen, wie schwach und nervös sie sind, wenn sie solche gesteuerten und manipulierten Aufmärsche nötig hätten, um Stimmung zu machen. Und sie würden zeitgleich Zeugnis darüber ablegen, dass sie mit Kritik nur schwer umgehen können und diese kaum aushalten können oder sogar befürchten, dass ihre Dogmatik dann auseinanderbrechen könnte.

Obwohl Sellner zugibt, dass die aktuellen Chancen auf einen Regimewechsel eher als beschränkt anzusehen sind, hofft er und glaubt daran, dass die Wahrheit am Ende siegen wird. Je mehr also die staatliche Autorität Druck gegenüber der Opposition ausübt, desto mehr wird sich diese in die richtige Richtung weiter formieren und durchsetzen. Voraussetzung sei allerdings, dass sie standhaft bleibe und mutig den eingeschlagenen Weg fortsetzen würde.

Alles in allem ginge es darum, unsere Länder wieder zu stabilisieren, die Sicherheit wieder zu gewährleisten, Frieden mit anderen Völkern zu schließen, Kriege zu vermeiden, die

Prosperität und den Wohlstand wieder zu mehren und damit auch zum sozialen Frieden beizutragen.

Die staatlichen Akteure wissen, dass wir auf extrem harte Zeiten zusteuern, auf Krisenzeiten, möglicherweise auf Kriege, und sie versuchen laut Sellner nun alles in ihrer Macht Stehende zu tun, um weiterhin die Zügel fest in der Hand zu halten. Doch hier liegt die Chance für die Opposition, eine Alternative anzubieten und die Zukunft unserer Länder wieder in rechte Bahnen zu lenken. Das Credo hierzu lautet: durchhalten und weitermachen!

6. Kapitel: Remigration - Für eine Rückkehr zur kulturellen Identität

In einer Zeit zunehmender Globalisierung und Massenmigration stehen unsere Gesellschaften vor beispiellosen Herausforderungen, die unsere kulturelle Identität und den sozialen Zusammenhalt bedrohen. Während die offene und multikulturelle Gesellschaft von einigen als Ideal gepriesen wird, müssen wir uns ernsthaft fragen, ob sie nicht zu einem Verlust unserer eigenen kulturellen Identität und Sicherheit führt. Die Remigration bietet eine dringend benötigte Lösung, um diesem Trend entgegenzuwirken und die Zukunft unserer Gesellschaften zu sichern.

Die Remigration bezieht sich auf die Idee, dass Menschen, die aus anderen Ländern eingewandert sind, in ihre ursprünglichen Herkunftsländer zurückkehren sollten, wenn sie nicht integrierbar sind und auch nicht Staatsbürger werden wollen oder können. Dies mag auf den ersten Blick kontrovers erscheinen, aber bei genauerer Betrachtung wird deutlich, dass sie unvermeidlich ist, wenn wir die kulturelle Kontinuität und Homogenität unserer Gesellschaften wenigstens teilweise bewahren wollen. Dies vor dem Hintergrund der aktuellen millionenfachen und heftigen Migrationswelle, nicht etwa vor dem Hintergrund einer moderaten Zuwanderung.

Ein entscheidender Aspekt einer möglichen Remigrationspolitik nach Sellner ist die Wahrung der ethnischen und kulturellen Identität. Eine Gesellschaft, die ihre Wurzeln und Traditionen bewahrt, ist widerstandsfähiger gegenüber den negativen Auswirkungen der Globalisierung und der kulturellen Vereinheitlichung. Die Remigration würde es uns also ermöglichen, die soziale Kohäsion zu stärken.

Darüber wäre die Remigration ein wesentlicher Bestandteil einer vernünftigen Einwanderungspolitik. Indem wir Menschen ermutigen, in ihre Heimatländer zurückzukehren, entlasten wir unsere Sozialsysteme und schaffen Möglichkeiten für diejenigen, die aktuell wirklich Schutz und Unterstützung benötigen. Dies ermöglicht es uns, Einwanderungspolitik auf eine nachhaltige und verantwortungsvolle Weise zu gestalten, die sowohl den Bedürfnissen der Einheimischen als auch der Einwanderer gerecht wird. Zuwanderung für alle und jeden ohne Voraussetzungen, Regeln und Pflichten erteilt Sellner eine Absage.

Ein weiterer entscheidender Aspekt ist die Sicherheit unserer Gesellschaften. Remigration könnte helfen, potenzielle Sicherheitsrisiken zu minimieren, indem sie es uns ermöglicht, diejenigen zurückzuschicken, die nicht bereit sind, sich zu integrieren und unsere Werte zu respektieren. Indem wir Menschen ermutigen, in ihre Heimatländer zurückzukehren, reduzieren wir das Risiko von sozialen Spannungen und Konflikten und schützen unsere Gesellschaften vor extremistischen Ideologien. Ein klassisches Aufgabengebiet des Verfassungsschutzes wäre damit also ebenfalls tangiert, nämlich die Fernhaltung jeder Form des ausländischen Extremismus in Wort und Tat von unserem Land und seinen Leuten.

Natürlich ist die Remigration kein einfacher Prozess und erfordert umfassende Politikgestaltung und Implementierung. Es erfordert eine enge Zusammenarbeit mit den

Herkunftsländern, um die Rückkehrbedingungen zu verbessern und die Reintegration der Rückkehrer zu unterstützen. Es erfordert auch einen umfassenden gesellschaftlichen Dialog und eine Sensibilisierung für die Notwendigkeit der Remigration und ihre langfristigen Vorteile für unsere Gesellschaften.

Insgesamt ist die Remigration eine dringend benötigte Maßnahme, um unsere kulturelle Identität vor der Auflösung zu bewahren, die soziale Kohäsion zu stärken und die Sicherheit unserer Gesellschaften zu gewährleisten. Es ist an der Zeit, dass wir mutig handeln und die notwendigen Schritte unternehmen, um die Zukunft unserer Gesellschaften zu sichern. Das Konzept der Remigration ist ein Schritt auf diesem Weg.

In der Debatte um die Remigration ist es von entscheidender Bedeutung, eine klare Unterscheidung zwischen gut integrierten und gesetzestreuen Migranten sowie solchen, die sich nicht in das soziale Gefüge eingliedern oder straffällig geworden sind, zu treffen. Für die Bewahrung der kulturellen Identität und die Sicherheit unserer Gesellschaften ist es unumgänglich, konsequent gegenüber jenen vorzugehen, die die deutschen Normen und Werte ablehnen oder sogar gegen sie verstoßen.

Erstens betont Martin Sellner, dass die Remigration für straffällig gewordene Migranten ein notwendiger Schritt ist, um die Sicherheit in unseren Gesellschaften zu gewährleisten. Diejenigen, die gegen Gesetze verstoßen und somit das soziale Gefüge gefährden, dürfen nicht unbehelligt bleiben. Remigration ermöglicht es, diese Personen zu isolieren und die Rückkehr in ihre Heimatländer zu fördern.

Zweitens hebt Sellner hervor, dass die Remigration ein Mittel ist, um gegenüber Migranten, die sich nicht integrieren wollen oder die deutsche Kultur, Normen und Werte ablehnen, konsequent zu handeln. Die Integration ist ein zweifacher Prozess, der von der Mehrheitsgesellschaft und den Migranten gleichermaßen Engagement erfordert. Wenn jedoch Migranten aktiv die Integration verweigern und sich bewusst von den Grundwerten der deutschen Gesellschaft distanzieren, ist die Remigration ein legitimes Instrument, um die kulturelle Homogenität zu bewahren und unsere Position zu schützen.

Drittens argumentiert Sellner, dass die Remigration einen Beitrag zur Wahrung der kulturellen Identität Deutschlands leistet. Die Ablehnung der deutschen Normen und Werte durch einige Migranten kann zu einem Verlust der kulturellen Kontinuität führen. Die Remigration dient daher als Mittel, um sicherzustellen, dass diejenigen, die nicht bereit sind, sich in die Kultur zu integrieren, die Möglichkeit haben, in ihre Heimatländer zurückzukehren, wo ihre eigenen kulturellen Identitäten besser bewahrt werden können.

Insgesamt sieht Martin Sellner die Anwendung des Remigrationskonzepts gegenüber straffälligen oder nicht integrierten Migranten als notwendig an, um die Sicherheit, die kulturelle Identität und die soziale Kohäsion Deutschlands zu schützen. Die Bewahrung der eigenen kulturellen Identität, einschließlich der Normen und Werte, ist für Martin Sellner von entscheidender Bedeutung, um die nationale Einheit und Kohäsion zu gewährleisten. Die kulturelle Identität eines Volkes ist das Fundament, auf dem die Gemeinschaft aufbaut, und sie schafft ein gemeinsames Verständnis von Geschichte, Traditionen und Werten.

Sellner argumentiert, dass die kulturelle Identität einer Nation den Zusammenhalt fördert und eine Grundlage für ein gemeinsames Verständnis und Zusammenleben bildet. Dieses Verständnis ist entscheidend, um soziale Bindungen zu stärken, Solidarität zu fördern und eine starke Gemeinschaft zu schaffen, die in der Lage ist, Herausforderungen zu bewältigen und gemeinsame Ziele zu verfolgen.

Die millionenfache unkontrollierte Zuwanderung aus kulturell fremden Regionen wird von Sellner als eine Bedrohung für diese kulturelle Identität betrachtet. Er argumentiert, dass eine rapide und unkontrollierte Veränderung der demografischen Struktur zu Spannungen und Konflikten führen kann, da unterschiedliche kulturelle Gruppen mit unterschiedlichen Werten und Traditionen aufeinandertreffen. Dies könnte das soziale Gefüge destabilisieren und das Zusammengehörigkeitsgefühl untergraben bis hin zum Bürgerkrieg.

Sellner warnt davor, dass eine ungebremste Zuwanderung zu einer Spaltung der Gesellschaft führen und eine Abnahme des nationalen Zusammenhalts bewirken könnte. Er sieht die Gefahr, dass diese Entwicklung die kulturelle Homogenität und die gemeinsamen Werte, die die Nation prägen, untergräbt. Das Potenzial für Konflikte, Misstrauen und Unruhen wird als ernste Bedrohung für die nationale Einheit betrachtet.

Für Sellner bedeutet die Bewahrung der eigenen kulturellen Identität nicht zwangsläufig eine Ablehnung anderer Kulturen, sondern vielmehr das Bekenntnis zur Vielfalt im Rahmen bestimmter gemeinsamer Werte und Normen. Er plädiert für eine kontrollierte Einwanderungspolitik, die darauf abzielt, die nationale Identität zu schützen, während gleichzeitig Raum für Integration und Vielfalt geschaffen wird.

Insgesamt betrachtet Martin Sellner die Bewahrung der eigenen kulturellen Identität als einen entscheidenden Schutzmechanismus für die Nation, um auch in Zukunft als Gemeinschaft bestehen zu können. Er sieht in der unkontrollierten Zuwanderung eine Herausforderung, die sorgfältige

Aufmerksamkeit erfordert, um eine nachhaltige und harmonische Entwicklung zu gewährleisten.

7. Kapitel: Positive Aspekte der Remigration - Förderung der Integration und Chance auf Neuanfang

Aus der Perspektive von Martin Sellner gibt es positive Aspekte des Remigrationskonzepts, die sich sowohl auf die erfolgreiche Integration von Migranten als auch auf die Möglichkeiten für jene Migranten beziehen, die in ihre Heimatländer zurückkehren. Diese Aspekte betonen eine ausgewogene Einwanderungspolitik, die auf Integration und Respekt vor kultureller Vielfalt abzielt.

Förderung der Integration durch selektive Zuwanderung:

Sellner argumentiert, dass eine kontrollierte Einwanderung, die auf die Fähigkeit und den Willen zur Integration abzielt, die positive Integration von Migranten fördern kann. Durch die gezielte Auswahl von Migranten, die bereit sind, sich in die Kultur und Gesellschaft zu integrieren, kann eine harmonische Koexistenz unterstützt werden. Dies schafft nicht nur eine stärkere Zusammengehörigkeit, sondern trägt auch dazu bei, mögliche Spannungen zwischen verschiedenen kulturellen Gruppen zu minimieren.

Rückkehr als Chance auf Neuanfang:

Sellner betont auch die positiven Auswirkungen der Remigration für Migranten, die in ihre Heimatländer zurückkehren. Die Rückkehr kann als eine Chance für einen Neuanfang betrachtet werden, bei dem die Rückkehrer in ihrer vertrauten Umgebung leben und ihre eigene kulturelle Identität besser bewahren können. Dies ermöglicht es ihnen, an der Entwicklung ihrer Heimatgesellschaften aktiv teilzunehmen und positive Veränderungen zu fördern.

Reduzierung sozialer Spannungen:

Durch die Remigration von Migranten, die Schwierigkeiten bei der Integration in die deutsche Gesellschaft haben, können soziale Spannungen und Konflikte reduziert werden. Indem diejenigen, die nicht bereit oder in der Lage sind, sich in die Kultur zu integrieren, die Möglichkeit erhalten, in ihre Heimatländer zurückzukehren, wird die Wahrscheinlichkeit von Konflikten und Unruhen verringert. Dies trägt zu einem harmonischeren gesellschaftlichen Miteinander bei.

Bewahrung der kulturellen Identität:

Für Migranten, die sich für die Remigration entscheiden, bietet dies die Möglichkeit, ihre kulturelle Identität zu bewahren und in einem Umfeld zu leben, das ihrer eigenen kulturellen Prägung entspricht. Dies kann zu einem stärkeren Gefühl der Zugehörigkeit und Selbstbestimmung führen, während gleichzeitig die kulturelle Vielfalt in der Welt erhalten bleibt.

Es ist wichtig zu beachten, dass diese positiven Aspekte in einem ausgewogenen Kontext betrachtet werden müssen und dass die Umsetzung eines Remigrationskonzepts ethische, rechtliche und humanitäre Fragen aufwirft. Die Herausforderung besteht darin, einen Ansatz zu finden, der die nationalen Interessen respektiert, aber gleichzeitig den Prinzipien der Gerechtigkeit, Menschenrechte und Integration gerecht wird.

Die positiven Aspekte des Remigrationskonzepts, wie aus der Perspektive von Martin Sellner betrachtet, reichen über die Förderung der Integration und die Chance auf Neuanfang für Migranten hinaus. Eine eingehendere Betrachtung dieser Aspekte zeigt, wie eine ausgewogene Einwanderungspolitik eine positive Entwicklung für sowohl die aufnehmende Gesellschaft als auch die zurückkehrenden Migranten ermöglichen kann.

Entlastung sozialer Ressourcen:

Durch Remigration können Ressourcen der aufnehmenden Gesellschaft effizienter genutzt werden. Migranten, die große Schwierigkeiten bei der Integration haben, könnten in ihren Heimatländern eventuell besser aufgefangen werden. Dies entlastet die sozialen Systeme in der aufnehmenden Gesellschaft und ermöglicht es, Ressourcen auf diejenigen zu konzentrieren, die Integrationsunterstützung benötigen und bereit sind, sich aktiv zu integrieren.

Förderung von kulturellem Austausch und Verständnis:

Die Remigration kann auch den kulturellen Austausch zwischen Nationen fördern. Migranten, die in ihre Heimatländer zurückkehren, bringen nicht nur ihre Erfahrungen aus der aufnehmenden Gesellschaft mit, sondern können auch dazu beitragen, kulturelle Missverständnisse abzubauen. Dies trägt zu einem verbesserten interkulturellen Verständnis bei und schafft die Möglichkeit für eine konstruktive Zusammenarbeit zwischen verschiedenen Gemeinschaften.

Stärkung der globalen Solidarität:

Eine Remigrationspolitik, die Migranten ermutigt, aktiv an der Entwicklung ihrer Heimatländer teilzunehmen, kann zu einer Stärkung der globalen Solidarität beitragen. Rückkehrer könnten durch ihre Erfahrungen und Fähigkeiten dazu beitragen, Herausforderungen in ihren Heimatländern anzugehen. Dies schafft die Grundlage für eine kooperative Zusammenarbeit zwischen Ländern und fördert die Idee, dass Migration als gegenseitiger Austausch von Ressourcen und Fähigkeiten betrachtet werden kann.

Berücksichtigung individueller Lebensentwürfe:

Die Remigration ermöglicht es Migranten, ihre individuellen Lebensentwürfe und Präferenzen zu berücksichtigen. Einige Migranten mögen sich in der aufnehmenden Gesellschaft nicht vollständig integriert fühlen oder ihre kulturelle Identität bewahren wollen. Die Option zur Remigration gibt diesen Individuen die Möglichkeit, ihre eigene Lebensgestaltung aktiv zu beeinflussen und in einer Umgebung zu leben, die ihren persönlichen Vorstellungen besser entspricht.

Es ist wichtig zu betonen, dass die Umsetzung eines Remigrationskonzepts eine sensible und ausgewogene

Herangehensweise erfordert. Ethik, Menschenrechte und humanitäre Prinzipien müssen bei der Entwicklung und Umsetzung von politischen Maßnahmen im Zusammenhang mit Migration stets beachtet werden. Eine differenzierte Betrachtung der individuellen Umstände sowie eine offene und respektvolle Diskussion sind notwendig, um positive Ergebnisse zu erzielen und zugleich die Rechte und Würde aller Beteiligten zu wahren.

Ein grundlegendes Prinzip sollte die individualisierte Betrachtung sein. Jeder Fall von Remigration sollte auf der Grundlage der individuellen Umstände, Chancen und Bedürfnisse erfolgen. Eine pauschale Herangehensweise, die die Vielfalt der Migrationsgründe und -situationen nicht berücksichtigt, widerspricht ethischen Prinzipien. Es ist wichtig sicherzustellen, dass Migranten, die sich für die Remigration entscheiden, ihre Entscheidung frei treffen können und nicht unter Druck gesetzt werden.

Die Remigration muss im Einklang mit den Prinzipien der Rechtsstaatlichkeit und Menschenrechte erfolgen. Dazu gehört der Schutz vor unrechtmäßiger Inhaftierung, Folter oder anderer Menschenrechtsverletzungen in den Heimatländern oder in Drittstaaten. Migranten, die zurückkehren möchten, sollten ihre Rechte kennen und in der Lage sein, ihre Entscheidung frei zu treffen. Zudem müssen etwaige Rückführungen unter Beachtung internationaler Abkommen und Verträge stattfinden.

Es ist entscheidend sicherzustellen, dass die Remigrationspolitik nicht zu Diskriminierung führt. Ethik und Menschenrechte verlangen, dass alle Menschen gleich behandelt werden, unabhängig von ihrer ethnischen Zugehörigkeit oder

Herkunft. Ein ethischer Ansatz zur Remigration sollte auf gleichen Chancen und Rechten für alle basieren.

Ethik und Menschenrechte erfordern auch, dass Migranten, die sich für die Remigration entscheiden, die Möglichkeit haben, aktiv an der Entscheidungsfindung teilzunehmen. Dies kann durch einen transparenten und partizipativen Prozess erreicht werden, der sicherstellt, dass die Bedürfnisse und Anliegen der Migranten respektiert werden. Gleichzeitig sollten Integrationsbemühungen unterstützt werden, um die Teilhabe aller Bürger zu fördern.

Bei der Umsetzung der Remigration sollte die humanitäre Dimension berücksichtigt werden. Insbesondere Migranten, die aufgrund von Konflikten, Naturkatastrophen oder anderen humanitären Krisen ihre Heimatländer verlassen haben, verdienen besondere Aufmerksamkeit. Humanitäre Hilfe und Unterstützung sollten gewährleistet sein, um eine Rückkehr unter menschenwürdigen Bedingungen zu ermöglichen.

Die Debatte über Remigration im Rahmen unserer Verfassung muss im Einklang mit den darin verankerten Persönlichkeits- und Freiheitsrechten erfolgen. Es ist wichtig zu betonen, dass Remigration nicht mit Deportationen, Vertreibungen oder einer Verletzung von Menschenrechten gleichzusetzen ist.

Eine sorgfältige rechtliche Analyse zeigt, dass eine Remigrationspolitik unter rechtsstaatlichen Bedingungen mit unserer Verfassung in Einklang steht, weil sie das Recht auf Menschenwürde ausdrücklich achtet und schützt.

Persönlichkeitsrecht und Selbstbestimmung:

Artikel 1 und Artikel 2 GG schützen die individuelle Freiheit und Autonomie. Migranten, die sich für die Remigration entscheiden, sollten ihre Entscheidung frei treffen können, ohne Zwang oder Einschränkungen. Die Möglichkeit der Rückkehr in die Heimatländer unterstützt die Selbstbestimmung und eröffnet eine Perspektive für eine individuelle Lebensgestaltung.

Gleichheitsgrundsatz:

Der Gleichheitsgrundsatz (Artikel 3 GG) verlangt, dass alle Menschen vor dem Gesetz gleich sind und keine Diskriminierung aufgrund von Herkunft oder anderer Merkmale erfolgt. Eine Remigrationspolitik muss darauf abzielen, fair und gleichberechtigt zu sein, ohne bestimmte Gruppen zu benachteiligen. Dies kann durch eine individualisierte Betrachtung und gerechte Prozesse sichergestellt werden.

Asyl- und Flüchtlingsschutz:

Es ist wichtig zu betonen, dass Remigration nicht mit Asyl- oder Flüchtlingsschutzmaßnahmen verwechselt werden sollte. Asylberechtigte und Flüchtlinge haben bestimmte Schutzrechte nach nationalem und internationalem Recht. Remigration betrifft Personen, die freiwillig in ihre Heimatländer zurückkehren möchten oder die abgeschoben werden müssen aufgrund der geltenden Gesetze und die zugleich nicht unter den Schutzstatus fallen.

Rechtsstaatliche Prinzipien:

Die Remigration muss im Einklang mit rechtsstaatlichen Prinzipien erfolgen. Das bedeutet, dass sämtliche Maßnahmen transparent, nachvollziehbar und unter Beachtung der geltenden Gesetze durchgeführt werden. Rechtsmittel und rechtlicher Schutz sollten gewährleistet sein, um die Rechte der Betroffenen zu schützen.

8. Kapitel: Umsetzung einer möglichen Remigrationspolitik in der Praxis und die Rolle der alternativen Medien

Die Umsetzung einer Remigrationspolitik erfordert eine sorgfältige Kommunikationsstrategie, um eine breite Zustimmung zu gewährleisten und potenzielle Kontroversen zu minimieren. Transparente Kommunikation ist entscheidend. Es ist wichtig, die Ziele der Remigrationspolitik klar und verständlich zu erklären. Dies kann durch klare und leicht zugängliche Informationen sowohl online als auch offline erreicht werden.

Die Kommunikation sollte stets betonen, dass die Remigrationspolitik im Einklang mit den Gesetzen und der Verfassung steht. Dies beinhaltet eine klare Darstellung der rechtlichen Rahmenbedingungen und den Schutz von Menschenrechten während des gesamten Prozesses.

Die Betonung der freiwilligen Natur der Remigration ist wichtig, um sicherzustellen, dass es sich nicht um erzwungene Maßnahmen handelt. Die Möglichkeit für Migranten, ihre eigene Entscheidung zu treffen, sollte klar kommuniziert werden. Die positiven Aspekte der Remigration, wie die Förderung der Integration von Migranten, die bereit sind, sich zu integrieren, sollten betont werden. Die Kommunikation kann darauf abzielen, die Vorteile für die Gesellschaft und die individuellen Möglichkeiten der Migranten hervorzuheben.

Die Einbeziehung von Experten, darunter Rechtsexperten, Soziologen und Vertretern verschiedener Meinungen, kann die Glaubwürdigkeit der Remigrationspolitik stärken. Ein Dialog mit verschiedenen Interessengruppen kann dazu beitragen, eine breitere Perspektive einzubeziehen und die Akzeptanz zu fördern.

Die Sprache und Rhetorik sollten darauf abzielen, Polarisierung zu vermeiden. Eine ausgewogene und respektvolle Kommunikation trägt dazu bei, Konflikte zu minimieren und den Raum für einen konstruktiven Dialog zu öffnen.

Die Kommunikation sollte ethische Überlegungen berücksichtigen, insbesondere im Hinblick auf die **Wahrung der Menschenwürde und die Achtung der Rechte aller Beteiligten**. Dies schließt eine gründliche Auseinandersetzung mit möglichen ethischen Herausforderungen und potenziellen Konsequenzen ein.

Es ist wichtig zu betonen, dass die Umsetzung einer Remigrationspolitik ein komplexer Prozess ist, der eine breite Diskussion und die Einbeziehung verschiedener Interessengruppen erfordert. Offenheit, Transparenz und Respekt vor demokratischen Prinzipien sind Schlüsselelemente für eine erfolgreiche und akzeptierte Umsetzung.

Die Debatte um eine Remigrationspolitik wirft die Frage auf, wie Migranten auf eine solche Initiative reagieren könnten. Ein Migrant ist nicht wie der andere. Ihre Haltung zur Remigration hängt von individuellen Umständen ab. Manche sehen in der Möglichkeit, freiwillig in ihre Heimatländer zurückzukehren, eine Chance auf bessere Perspektiven. Andere wiederum betrachten dies als unerwünschten Rückschritt.

Migranten, die sich erfolgreich in der neuen Gesellschaft integriert haben und positive Erfahrungen sammelten, könnten wenig Begeisterung für die Remigrationsidee aufbringen. Sie fühlen sich als vollwertige Mitglieder der Gesellschaft und sehen ihre Lebensgrundlage in Gefahr.

Wirtschaftliche Motivationen spielen eine große Rolle. Migranten, die aufgrund wirtschaftlicher Not migriert sind, könnten positiv auf eine Rückkehrperspektive reagieren, sofern sie in ihren Heimatländern nun wirtschaftliche Chancen sehen. Andere, die vor wirtschaftlichen Problemen geflohen sind, könnten die Remigration als Rückschlag empfinden.

Die Verbindung zu Kultur, Sprache und Gemeinschaft ist entscheidend. Migranten mit starken kulturellen Bindungen könnten die Rückkehr als Möglichkeit sehen, ihre kulturelle Identität zu bewahren. Andere, die sich bereits gut in der neuen Kultur integriert haben, könnten weniger Interesse an einer Rückkehr haben.

Wie die Remigrationspolitik kommuniziert wird und inwieweit die betroffenen Migranten an Entscheidungsprozessen beteiligt sind, wird maßgeblich beeinflussen, wie die Maßnahmen wahrgenommen werden. Inklusive Kommunikation und Berücksichtigung der Perspektiven der Betroffenen sind daher unabdingbar.

Die Remigrationspolitik schürt Emotionen und wirft die Frage auf, wie verschiedene Akteure darauf reagieren könnten. Die Reaktionen auf eine Remigrationspolitik werden stark von politischen und gesellschaftlichen Dynamiken beeinflusst werden. Anhänger könnten sie als notwendige Maßnahme zur

Wahrung der nationalen Identität sehen, während Kritiker sie möglicherweise als einschneidende und problematische Strategie ablehnen.

Die Rolle der Medien wird entscheidend sein. Wie sie über die Remigrationspolitik berichten und welche Stimmen sie in den Vordergrund rücken, wird die öffentliche Meinung maßgeblich beeinflussen. Ein ausgewogener und informativer Medienansatz wird dabei entscheidend sein.

Die internationale Gemeinschaft wird mit Argusaugen auf diese Entwicklungen schauen. Wie die Remigrationspolitik international wahrgenommen wird, könnte Auswirkungen auf bilaterale Beziehungen, das Image des Landes und die Kooperation mit anderen Nationen haben.

Die Remigrationspolitik könnte auch Herausforderungen für die Integration mit sich bringen. Wie sie sich auf das soziale Gefüge auswirkt und ob Integrationsbemühungen verstärkt oder behindert werden, wird von zentraler Bedeutung sein.

Die wirtschaftlichen Auswirkungen der Remigrationspolitik werden intensiv diskutiert werden. Fragen zur Arbeitskraft, zum Wohlstand und zu Handelsbeziehungen könnten im Zentrum der Debatte stehen und weitreichende Konsequenzen haben.

Wie die Zukunft der Remigrationspolitik danach aussieht, bliebe abzuwarten. Der Ausgang wird von einer Vielzahl von Faktoren abhängen - von politischen Entscheidungen über gesellschaftliche Entwicklungen bis hin zu internationalen Reaktionen.

Es bleibt zu betonen, dass die Remigrationsdebatte kein einfaches Schwarz-Weiß-Szenario ist. Die Vielfalt der Meinungen und Perspektiven wird die Richtung bestimmen, und die Diskussion wird weiterhin in der Hitze der öffentlichen Meinung geführt werden.

In der sich entfaltenden Debatte um die Remigrationspolitik könnte die Rolle alternativer Medien entscheidend sein. Im Gegensatz zu Mainstream-Medien, die möglicherweise von staatlichen Kontrollen oder bestimmten Interessen beeinflusst werden, haben alternative Medien den Raum für eine freiere Berichterstattung und Meinungsbildung. Diese Medienplattformen könnten eine Schlüsselrolle dabei spielen, eine breitere Palette von Standpunkten zu präsentieren und differenzierte Analysen zu liefern.

Die Vielfalt der Meinungen innerhalb alternativer Medien könnte dazu beitragen, die Debattenlandschaft zu bereichern und verschiedene Facetten der Remigrationspolitik zu beleuchten. Journalisten und Kommentatoren könnten hier einen unabhängigeren Standpunkt einnehmen und Aspekte aufgreifen, die in traditionellen Medien möglicherweise unterrepräsentiert sind.

Zudem könnten alternative Medien eine Plattform bieten, auf der Stimmen aus verschiedenen Teilen der Gesellschaft Gehör finden, einschließlich solcher, die in Mainstream-Medien möglicherweise weniger präsent sind. Migrantenorganisationen, soziale Aktivisten und Experten könnten hier Raum finden, um ihre Perspektiven darzulegen und den Diskurs zu beeinflussen.

Die Verwendung von alternativen Medien könnte auch dazu beitragen, einen breiteren internationalen Kontext zu berücksichtigen. Durch den Zugang zu Informationen und Standpunkten von globalen Medienquellen könnten alternative Medien die Auswirkungen der Remigrationspolitik auf internationale Beziehungen und das globale Ansehen eines Landes beleuchten.

Insgesamt könnten alternative Medien eine entscheidende Rolle dabei spielen, die Debatte um die Remigrationspolitik zu formen und eine breitere und facettenreichere öffentliche Diskussion zu ermöglichen. Durch ihren unabhängigeren Ansatz könnten sie eine wichtige Ergänzung zu Mainstream-Medien bieten und dazu beitragen, dass verschiedene Perspektiven und Standpunkte in den Fokus gerückt werden.

Versuche, den Einfluss von Medien zu kontrollieren oder zu beeinträchtigen, sind in der Geschichte nicht ungewöhnlich. Hier sind einige Überlegungen zu möglichen Szenarien:

Gegner der Remigrationsidee könnten versuchen, Gesetzesinitiativen oder Regulierungen einzuführen, die die Unabhängigkeit alternativer Medien einschränken. Dies könnte durch die Einführung von Gesetzen geschehen, die bestimmte Arten von Berichterstattung oder Meinungsäußerungen einschränken oder sanktionieren.

Die Finanzierung alternativer Medien könnte ins Visier genommen werden. Gegner könnten versuchen, finanzielle Ressourcen zu kappen oder die Werbeeinnahmen zu begrenzen, um den wirtschaftlichen Druck auf alternative Medien zu erhöhen.

Eine Strategie könnte darin bestehen, alternative Medien durch gezielte Diffamierung und Diskreditierung zu schwächen. Dies könnte durch die Verbreitung von Fehlinformationen über die Glaubwürdigkeit oder die angebliche Voreingenommenheit dieser Medien erfolgen.

Gesetze oder Maßnahmen könnten eingeführt werden, um den Zugang zu alternativen Medien zu beschränken. Es gibt historische Beispiele, in denen Regierungen versucht haben, die Medien zu kontrollieren oder zu beeinflussen. Ein prominentes Beispiel ist die Zeit des Nationalsozialismus in Deutschland unter Adolf Hitler, wo die Nationalsozialistische Deutsche Arbeiterpartei (NSDAP) eine strenge Kontrolle über die Medien ausübte.

Nach der Machtergreifung der Nazis 1933 wurde die freie Presse in Deutschland abgeschafft. Alle Medien wurden auf die nationalsozialistische Linie ausgerichtet, und unabhängige Publikationen wurden verboten. Journalisten, die nicht dem nationalsozialistischen Narrativ folgten, wurden verfolgt, und viele Zeitungen wurden geschlossen. Die nationalsozialistische Propagandamaschine war darauf ausgerichtet, die Kontrolle über die öffentliche Meinung zu festigen.

In der Sowjetunion unter Josef Stalin gab es eine strikte staatliche Kontrolle über die Medien. Die Presse war ein Instrument der Partei, und unabhängige Berichterstattung war nicht erlaubt. Journalisten wurden auf Linie gebracht, um die offizielle Ideologie zu fördern. Abweichende Meinungen wurden unterdrückt, und es gab keine Meinungsvielfalt.

In der Volksrepublik China unter der Herrschaft der Kommunistischen Partei wird die Medienlandschaft streng kontrolliert. Die Regierung übt eine enge Überwachung und Zensur aus, um sicherzustellen, dass Medieninhalte den offiziellen Leitlinien entsprechen. Unabhängige Berichterstattung, insbesondere über kontroverse Themen, ist stark eingeschränkt.

In der Türkei hat sich die Kontrolle über die Medien unter Präsident Recep Tayyip Erdoğan verstärkt. So jedenfalls die Ansicht vieler neutraler Beobachter. Journalisten, die kritisch über die Regierung berichten, sehen sich zunehmend Repressalien ausgesetzt. Es gab Schließungen von Zeitungen und Sendern, und die Unabhängigkeit der Medien wurde erheblich eingeschränkt.

Diese Beispiele zeigen, wie Regierungen versucht haben, die Medien zu kontrollieren, um ihre eigene Agenda zu fördern und politische Gegner zum Schweigen zu bringen. Es ist wichtig zu betonen, dass diese Praktiken ernsthafte Bedrohungen für die Meinungsfreiheit und die demokratischen Prinzipien darstellen. Eine unabhängige und pluralistische Medienlandschaft ist entscheidend für eine lebendige Demokratie.

9. Kapitel: Abschiebung als rechtlich legitimierter und verfassungskonformer Akt

Wie bereits weiter oben erwähnt wurde, besitzt kein mir bekanntes anderes Land der Erde eine solche freizügige Zuwanderungspolitik wie Deutschland derzeit. Das sollten wir im Hinterkopf behalten. Deutschland nimmt also diesbezüglich eine besondere Stellung weltweit ein, die ihresgleichen sucht und es ist keinesfalls selbstverständlich, dass man mal ebenso ohne gültige Ausweispapiere und ohne triftigen Grund in ein Land einreist und darauf beharrt, dort bleiben zu dürfen.

Nicht zuletzt deshalb strömen ja gerade so viele Millionen Menschen hierher und nicht etwa nach Indien, Brasilien oder in den Kongo. Nicht zuletzt über die sozialen Medien verbreitet sich die Geschichte vom Sozialstaat Deutschland in den letzten Winkel dieser Erde und die Menschen dort erhalten oftmals ein falsches und völlig verzerrtes Bild, was sie hier erwarten würde.

Gleichzeitig wird aktuell in der Presseberichterstattung ein Bild gezeichnet, in dem Abschiebung etwas ganz Bösartiges zu sein scheint, was es de facto nicht ist. Handelt es sich hierbei doch um einen gültigen Passus der gültigen deutschen Rechtsauffassung der nur eben ganz überwiegend aus welchen Gründen auch immer kaum zur Anwendung kommt. Über mögliche

Motive eines möglichen Bevölkerungsaustauschs wurde bereits weiter oben ausführlich ausgeführt.

Aber die gültigen und aktuellen deutschen Gesetze diesbezüglich sind bereits sehr trennscharf und allein, wenn sie konsequent zur Anwendung gebracht werden würden, was ja eigentlich nichts weiter als selbstverständlich wäre, dann wären die überwiegenden Ziele von Martin Sellner und seinen Anhängern bereits umgesetzt. Insofern kann man fast behaupten, dass seine Forderung nichts anderes darstellen, als die Umsetzung bereits gültigen Rechts und damit banal erscheinen.

Sich darüber zu echauffieren, ist demzufolge ein doppelter Betrug an der Bevölkerung, die derzeit nicht versteht, dass es nichts Verwerfliches ist, gültige Gesetze auch in diesem Kontext konsequent umzusetzen. Der Staat hat ja auch keine Hemmungen in anderen Bereichen konsequent zu sein und es ist schließlich keine Wunschveranstaltung, wann eine Regierung gedenkt Gesetze umzusetzen und wann nicht.

Schauen wir uns in der Folge also einmal schlaglichtartig die bereits in Deutschland gültige Gesetzgebung zum Thema Abschiebung an, um uns hier ein verlässlicheres Bild zu machen.

Das Abschiebungsrecht von Ausländern oder Migranten in Deutschland wird durch das Aufenthaltsgesetz geregelt. Es regelt die Bedingungen für den Aufenthalt von Ausländern in Deutschland, einschließlich der Regelungen für Abschiebungen. Die Abschiebung ist die zwangsweise Rückführung von Ausländern in ihr Herkunftsland. Grundsätzlich kann eine Abschiebung erfolgen, wenn ein Ausländer nicht im Besitz einer gültigen Aufenthaltserlaubnis ist oder gegen Aufenthaltsauflagen verstoßen hat. Abschiebungen können auch aus anderen Gründen erfolgen, wie beispielsweise bei Ablehnung eines Asylantrags.

In einigen Fällen kann eine Duldung erteilt werden, was bedeutet, dass die Abschiebung vorübergehend ausgesetzt wird. Duldungen können aus humanitären Gründen, aufgrund gesundheitlicher Einschränkungen oder anderer spezifischer Umstände erteilt werden.

Abschiebungshaft kann angeordnet werden, um sicherzustellen, dass eine Person, die abgeschoben werden soll, nicht untertaucht. Die Haft kann jedoch nur unter bestimmten Bedingungen und unter Wahrung der Grundrechte angeordnet werden.

Asylsuchende haben das Recht, in Deutschland einen Antrag auf Schutz vor Verfolgung zu stellen. Während des laufenden Asylverfahrens dürfen sie in der Regel nicht abgeschoben werden. Wenn der Asylantrag abgelehnt wird, kann jedoch eine Abschiebung erfolgen. Ausländer, die von einer Abschiebung bedroht sind, haben das Recht, Rechtsmittel einzulegen und gegen Abschiebungsentscheidungen vor Gericht zu klagen. In einigen Fällen kann eine vorläufige Aussetzung der Abschiebung (sogenannte "Suspendierung") gewährt werden.

Das Recht der Bundesrepublik Deutschland, Ausländer abzuschieben, basiert in erster Linie auf dem Aufenthaltsgesetz (AufenthG). Das Aufenthaltsgesetz regelt die Einreise, den Aufenthalt, die Erwerbstätigkeit und die Beendigung des Aufenthalts von Ausländern in Deutschland. In Bezug auf Abschiebungen enthält das Aufenthaltsgesetz spezifische Bestimmungen, die die Bedingungen und Verfahren für die Rückführung von Ausländern regeln.

Um ein Beispiel zu nennen welche Dimensionen dieses Abschiebungsrecht hat, hier mal die Zahl aus dem Jahr 2022:

Im Jahr 2022 wurden sage und schreibe 12.945 Menschen abgeschoben.

Gleichzeitig hat Deutschland im Jahre 2022 etwa 1 Millionen Schutzsuchende bei sich aufgenommen.

Man kann also allein aus diesem Verhältnis sehr schnell ableiten, dass Deutschland vom Abschiebungsrecht - das grundsätzlich gilt - kaum bzw. fast gar keinen Gebrauch macht.

In Deutschland gibt es bestimmte Situationen, in denen eine unmittelbare Abschiebung, ohne vorheriges Durchlaufen eines förmlichen Abschiebeverfahrens, möglich ist. Hier sind einige der Gründe, die gemäß der Gesetzeslage eine Sofortabschiebung erlauben können:

1. Gefahr für die öffentliche Sicherheit:

Wenn von einem Ausländer eine erhebliche Gefahr für die öffentliche Sicherheit ausgeht, kann eine Sofortabschiebung erfolgen. Dies kann beispielsweise der Fall sein, wenn die Person schwere Straftaten begangen hat oder als Gefährder eingestuft wird.

2. Wiedereinreisesperre aufgrund vorheriger Abschiebung:

Wenn eine Person zuvor abgeschoben wurde und eine Wiedereinreisesperre besteht, kann eine erneute Festnahme und Sofortabschiebung erfolgen, wenn die Person erneut illegal einreist.

3. Asylablehnung und fehlende Mitwirkung:

Wenn ein Asylantrag abgelehnt wurde und die betroffene Person nicht kooperiert oder falsche Angaben gemacht hat, kann dies zu einer Sofortabschiebung führen.

4. Identitätsverschleierung:

Wenn eine Person ihre Identität verschleiert oder falsche Angaben macht, um einer Abschiebung zu entgehen, kann dies eine Sofortabschiebung rechtfertigen.

5. Aufenthaltserlaubnis erloschen:

Wenn der Aufenthaltstitel eines Ausländers erlischt, kann dies zu einer Sofortabschiebung führen. Dies kann beispielsweise der Fall sein, wenn die Bedingungen für die Aufenthaltserlaubnis nicht mehr erfüllt sind.

Aus eigener Erfahrung aus meinem Bekannten- und Freundeskreis kann ich bestätigen, wie restriktiv der Staat vorgehen *kann* bei der Umsetzung des Abschieberechts, wenn die Behörden dies nur wollen. Es gibt also einen großen Ermessensspielraum, der hier genutzt werden kann. Sowohl in die eine Richtung als auch in die andere Richtung. Und man kann es ja ironischerweise am Beispiel Martin Sellner selbst ablesen, wie schnell Regierung und Behörden sich dazu entscheiden können, unliebsame Personen an der Einreise zu hindern oder ihre Ausreise in Erwägung zu ziehen oder gar umzusetzen. Zur Wiederholung: Martin Sellner ist eine vollkommen straffreie Person, die sich bisher nichts hat zu Schulden kommen lassen, brav ihre Steuern bezahlt und ansonsten ein bürgerliches Leben lebt.

Nur sind eben seine unliebsamen, weil störenden Meinungsäußerungen unerwünscht und das reicht den Behörden, um drastische Maßnahmen zur Anwendung zu bringen, wie beispielsweise Polizeisperren aufzustellen, um Sellner an der Einreise nach Deutschland zu hindern. *Hier* geht es dann merkwürdigerweise.

Ganz anders verfährt man bei völlig unbekannten Personen, die von Anfang an ihre Identität vorsätzlich verschleiern, beziehungsweise falsche Informationen geben, um sich ein Aufenthaltsrecht zu erschleichen. Hier werden alle Hühneraugen zugedrückt.

Im deutschen Rechtssystem wird die "Gefahr für die öffentliche Sicherheit" nicht explizit definiert, sondern bleibt ein relativ abstrakter Begriff. Es handelt sich um einen juristischen Terminus, der aufgrund seiner Unbestimmtheit Raum für Interpretationen lässt und damit den Angehörigen der Exekutive zur Anwendung vorbehalten bleibt. Die Macht, die hiervon ausgeht, ist gar nicht hoch genug einzuschätzen, weil dieser Gefahrenbegriff in den Bereich des Spekulativen, des Subjektiven und des Willkürlichen fällt.

Im Allgemeinen bezieht sich die Gefahr für die öffentliche Sicherheit auf Situationen, in denen das Verhalten oder die Aktivitäten einer Person als so gravierend eingestuft werden, dass sie eine ernsthafte Bedrohung für die allgemeine Ordnung und Sicherheit darstellen. Typischerweise sind Faktoren wie schwere kriminelle Aktivitäten, die Verletzung von Grundrechten anderer Bürger, terroristische Tätigkeiten oder andere Handlungen, die die öffentliche Sicherheit gefährden, in diese Bewertung einbezogen. Es ist wichtig zu betonen, dass die

Entscheidung über die Gefahr für die öffentliche Sicherheit in der Regel von individuellen Umständen und Fakten abhängt, und sie sollte unter Einhaltung der Grundsätze der Verhältnismäßigkeit und der Menschenrechte erfolgen.

Der Begriff dient als Rechtfertigung für staatliche Maßnahmen, die normalerweise schwerwiegender Natur sind, wie beispielsweise die Einschränkung der persönlichen Freiheit durch Abschiebung. Es liegt im Ermessen der zuständigen Behörden und erst sehr viel später und nachgeordnet in der Entscheidung der Gerichte, eine sorgfältige Abwägung der vorliegenden Fakten und Umstände vorzunehmen, um zu bestimmen, ob eine konkrete Person als Gefahr für die öffentliche Sicherheit betrachtet werden kann.

Es gibt jedoch Kritikpunkte an der Unklarheit und Breite dieses Begriffs. Einige argumentieren, dass eine klarere Definition notwendig ist, um den Schutz individueller Rechte zu gewährleisten und Missbrauch zu verhindern. Andere betonen die Wichtigkeit von Flexibilität, um auf sich verändernde Bedrohungen und Sicherheitslagen angemessen reagieren zu können. Insgesamt bleibt die Interpretation der "Gefahr für die öffentliche Sicherheit" eine komplexe und nuancierte Angelegenheit, die eine sorgfältige Abwägung zwischen individuellen Rechten und dem Schutz der Gesellschaft erfordert.

Wenn jemand nicht im Besitz eines gültigen Aufenthaltstitels ist oder andere Gründe für einen Aufenthalt in Deutschland nicht erfüllt werden, kann die Ausländerbehörde die Ausreisepflicht feststellen. Die Ausländerbehörde kann die Abschiebung anordnen, wenn alle rechtlichen Voraussetzungen erfüllt sind. Hierbei wird der betroffenen Person eine Abschiebungsanordnung zugestellt.

In einigen Fällen kann eine Duldung erteilt werden, was bedeutet, dass die Ausreisepflicht vorübergehend nicht vollstreckt wird. In anderen Fällen kann Abschiebungshaft angeordnet werden, um sicherzustellen, dass die betroffene Person nicht untertaucht, bevor die Abschiebung erfolgt. Wenn alle rechtlichen Mittel ausgeschöpft sind und die Abschiebung durchgeführt werden soll, kann die betroffene Person festgenommen und zum Abschiebungsort gebracht werden.

Die eigentliche Abschiebung erfolgt in der Regel durch die Bundespolizei oder spezialisierte Abschiebeeinheiten. Dies kann auf dem Luftweg, dem Landweg oder dem Seeweg erfolgen, abhängig von den Umständen. Nach einer Abschiebung kann eine Wiedereinreisesperre verhängt werden, die es der betroffenen Person untersagt, für einen bestimmten Zeitraum nach Deutschland zurückzukehren.

Die Ausgestaltung des Abschiebungsrechts in Deutschland beinhaltet zahlreiche rechtliche Hürden und Schutzmechanismen, die die reibungslose Umsetzung erschweren können. Asylrechte, Menschenrechtsbestimmungen und internationale Verpflichtungen sind dabei wichtige Aspekte, die in Betracht gezogen werden müssen.

Zudem spielen individuelle Umstände der Betroffenen eine entscheidende Rolle. Faktoren wie Gesundheitszustand, familiäre Bindungen oder andere besondere Situationen können zu Ausnahmen führen. Diese individuellen Umstände werden oft in einem breiteren Kontext betrachtet, um sicherzustellen, dass die Rechte und das Wohlergehen der betroffenen Personen gewahrt bleiben.

Die Bewertung von strafrechtlichen Verstößen als Grundlage für Abschiebungen ist ein weiterer sensibler Punkt. Nicht alle Straftaten führen zwangsläufig zu einer Abschiebung, und die Abwägung der Schwere der Straftat und anderer Faktoren kann zu unterschiedlichen Ergebnissen führen.

Verwaltungs- und Gerichtsverfahren können die Abschiebung verzögern, da jeder Fall sorgfältig geprüft werden muss. Dies trägt dazu bei, dass Abschiebungen oft nicht so schnell erfolgen, wie einige es sich wünschen würden. In einer globalisierten Welt ist die internationale Zusammenarbeit bei Abschiebungen von großer Bedeutung. Wenn das Zielland nicht bereit ist, die betreffende Person aufzunehmen, können Abschiebungen blockiert werden.

Die Handhabung des Abschiebungsrechts in Deutschland hat in den letzten Jahren verstärkt Kritik auf sich gezogen, insbesondere hinsichtlich des als zu großzügig empfundenen Ermessensspielraums der Behörden. Diese scheinbare Nachlässigkeit wird oft darauf zurückgeführt, dass die Interessen der betroffenen Ausländer über das Wohl der Gesellschaft gestellt werden. Eine konsequentere Durchsetzung des Abschieberechts im Interesse nationaler Belange könnte als notwendig erachtet werden.

In einem nationalen Kontext könnten sich die Behörden stärker darauf konzentrieren, die eigenen Interessen und die Sicherheit der Gesellschaft zu wahren. Eine konsequentere Durchsetzung des Abschieberechts könnte als notwendig erachtet werden, um klare Signale hinsichtlich der Einhaltung der Gesetze und der Rechtsordnung zu senden. Die Argumentation könnte lauten, dass eine restriktivere Anwendung des Abschiebungsrechts potenziell abschreckend wirken und somit zur Verhinderung illegaler Einwanderung beitragen könnte.

Ein weiterer Faktor, der in Betracht gezogen werden könnte, ist die Notwendigkeit einer effektiven Ressourcenverwaltung. Eine konsequentere Durchsetzung des Abschieberechts könnte die Behörden in die Lage versetzen, ihre begrenzten Ressourcen effizienter zu nutzen und sicherzustellen, dass diejenigen, die nicht berechtigt sind zu bleiben, das Land verlassen.

Ich nehme an, dass die konsequente Umsetzung des Abschiebungsrechts politisch nicht gewollt ist und ich vermute, dass die Regierung und die Behörden hier den Ermessensspielraum sehr einseitig zugunsten der Zuwanderer auslegen und nationale Interessen deutlich in den Hintergrund rücken.

Es ist unbestreitbar, dass die deutsche Regierung und ihre Behörden einen erheblichen Ermessensspielraum in Bezug auf Abschiebungen haben. Dieser Spielraum wird jedoch zunehmend als einseitig wahrgenommen, indem er stark zugunsten von Hilfesuchenden und Flüchtlingen genutzt wird, während nationale Interessen in den Hintergrund gedrängt werden. Dieser Trend hat zu einer öffentlichen Debatte über die Prioritäten der Regierung geführt und wirft die Frage auf, ob die Ausgewogenheit zwischen humanitären und nationalen Belangen gewahrt bleibt.

Politische Entscheidungen zugunsten von Flüchtlingen könnten als Ausdruck einer humanitären Verpflichtung und des Engagements für Menschenrechte betrachtet werden. Allerdings darf dies nicht dazu führen, dass nationale Interessen und die Sicherheit der Gesellschaft vernachlässigt werden. Eine Politik, die scheinbar dazu neigt, Abschiebungen zu vermeiden, könnte die Einhaltung von Rechtsstaatlichkeit und gesetzlichen Bestimmungen in Frage stellen. Auch die der eigenen Verfassung, **denn die Wahrung der Menschenwürde gilt eben auch gleichberechtigt für die ansässige Bevölkerung, für die Bürger**. Sieht das der Verfassungsschutz auch so? Es sind Zweifel angebracht.

Eine konsequentere Umsetzung des Abschiebungsrechts ist nicht nur im Sinne einer klaren und fairen Einwanderungspolitik wichtig, sondern könnte auch einen Beitrag zur Sicherheit und Stabilität der Gesellschaft leisten. Nationale Interessen, einschließlich der effektiven Ressourcennutzung und der Wahrung der öffentlichen Ordnung, dürfen nicht im Schatten einer allzu großzügigen Handhabung des Abschiebungsrechts verblassen.

Die politischen Entscheidungen, die dazu tendieren, Abschiebungen zu vermeiden und sich einseitig zugunsten von Flüchtlingen zu positionieren, müssen genauer untersucht werden, um die tatsächlichen Auswirkungen auf die Rechtsstaatlichkeit und die gesetzlichen Bestimmungen zu beleuchten. Die beteiligten Protagonisten, darunter politische Entscheidungsträger und Behörden, tragen eine immense Verantwortung, die über bloße humanitäre Erwägungen hinausgeht.

Die humanitäre Verpflichtung, Menschenrechte zu schützen und Flüchtlingen beizustehen, ist zweifellos von großer Bedeutung. Dennoch stellt sich die Frage, inwieweit eine Politik, die Abschiebungen scheinbar zu vermeiden sucht, die Balance zwischen Humanität und nationalen Interessen wahren kann. Eine einseitige Auslegung des Abschiebungsrechts könnte dazu führen, dass die Rechtsstaatlichkeit und die Integrität des rechtlichen Rahmens in Mitleidenschaft gezogen werden.

Es ist kritisch zu hinterfragen, ob politische Entscheidungsträger und Behörden, die diesen Kurs einschlagen, sich möglicherweise selbst rechtswidrig verhalten. Wenn das Abschiebungsrecht und die entsprechenden gesetzlichen Bestimmungen existieren, um eine geordnete Einwanderung und den Schutz nationaler Interessen zu gewährleisten, dann könnte eine einseitige Interpretation oder selektive Anwendung als Verstoß gegen den Rechtsstaat betrachtet werden.

Ein weiterer Aspekt, der beleuchtet werden sollte, ist die potenzielle Ausnutzung von Gesetzeslücken oder die mangelnde Durchsetzung bestehender Gesetze zugunsten von individuellen politischen Zielen. Eine Politik, die die Vermeidung von Abschiebungen in den Vordergrund stellt, könnte die rechtlichen Grundlagen untergraben und die öffentliche Wahrnehmung der Integrität des Rechtssystems beeinträchtigen.

In diesem Zusammenhang ist es wichtig zu betonen, dass eine konsequente Umsetzung des Abschiebungsrechts nicht zwangsläufig mit einer Missachtung humanitärer Verpflichtungen einhergeht. Es geht vielmehr um die Notwendigkeit, eine ausgewogene und rechtlich begründete Position zu finden, die sowohl Schutzsuchenden als auch nationalen Interessen gerecht wird. Eine transparente Diskussion darüber, wie Abschiebungen gehandhabt werden sollen, ist von entscheidender Bedeutung, um sicherzustellen, dass politische Entscheidungen im Einklang mit den Grundprinzipien des Rechtsstaats stehen.

10. Kapitel: Sellner will die verfassungskonforme Umsetzung gültiger Gesetze

Wenn in der Öffentlichkeit der Fall so dargestellt wird, dass Martin Sellner weit über das Ziel hinausschießen will, so ist dies falsch. So zweifelt er nämlich nicht an, dass deutsche Staatsbürger mit Migrationshintergrund selbstverständlich ein dauerhaftes Recht haben, sich auch weiterhin in Deutschland aufzuhalten und die deutsche Staatsbürgerschaft zu genießen. Das Ziel seiner Rede ist vielmehr der immer größer werdende Kontext von Menschen, die illegal nach Deutschland einreisen. Da die deutschen Grenzen nicht überwacht werden, kann jeder hineinkommen wie er will und hat dann das Recht zu bleiben. So einfach ist das Spiel. Und Sellner möchte nichts anderes, als das in diesen Fällen konsequent durchgegriffen wird.

Im Privatrecht würde man das "Durchsetzen des Hausrechts" nennen. Wenn also eine unbefugte Person ohne Zutrittsberechtigung das eigene Grundstück, die eigene Wohnung, das eigene Haus oder das eigene Firmengelände betreten, hat der Rechteinhaber selbstverständlich die Möglichkeit, diese Person sofort zu entfernen oder entfernen zu lassen. Und warum sollte dies übertragen auf eine Nation und deren nationale Landesgrenzen grundsätzlich (und vorbehaltlich besonderer humanitärer Schutzrechte) anders sein als bei der Durchsetzung des Hausrechts?

Und wer annimmt, dass jeder illegal Einreisende politisch verfolgt oder in Not geraten wäre, der ist völlig falsch informiert. Vielmehr ist es doch so, dass viel zu viele illegal Einreisenden von Anfang an für sich das Ziel erklärt haben, die deutschen Gesetze zu ignorieren und ihr eigenes Ding zu machen. Deutschland wird also gewissermaßen vor vollendete Tatsachen gestellt, und der nötige Rechtsspielraum wird auch mit Unterstützung von NGOs und deren Rechtsexpertise genutzt, um Deutschland unter Druck zu setzen.

Und noch weiter gedacht sieht es ja so aus: Wenn immer mehr Menschen, also Hunderttausende und Millionen illegal einreisen und sich möglicherweise zu Unrecht hier aufhalten und lediglich geduldet werden, dann muss zwangsläufig die Politik darüber nachdenken, wie sie diese Leute wieder dorthin zurückbringen kann, wo sie hergekommen sind. Diese Konsequenz erschließt sich bereits durch logisches Nachdenken, denn es handelt sich, wie gesagt, nicht um einige Wenige, sondern um Millionen, die auf diese Weise hierher gelangen.

Irgendwann ist das Maß der sozialen Verträglichkeit einfach voll, und der Bogen wäre überspannt. Schließlich ist eine Aufnahme und eine entsprechende Versorgung mit Geldmitteln verbunden, die nicht unerheblich ist - Hilfe, für die Milliarden von Steuergeldern aufgebracht werden, die auch von irgendjemandem erstmal verdient werden müssen.

Deutschland unterstützt ausländische Nationen mit Milliarden von Steuergeldern, um den dortigen Aufbau von staatlichen Strukturen und einer florierenden Wirtschaft zu ermöglichen. Das Ganze passiert nicht ohne Selbstzweck, sondern soll auch die Grundlage dafür bieten, dass die dort lebenden Menschen eine bessere Lebensgrundlage erhalten. Was würde also dagegensprechen anzunehmen, dass wir auch aus diesem

Grund humanitär alles erdenklich Mögliche getan haben, um Menschen, die ausreisepflichtig sind, auch in ihre Herkunftsländern wieder abzuschieben und ihnen dort eine bessere Lebensgrundlage zu ermöglichen?

Auch kann niemand von der Hand weisen, dass es für jeden Menschen, der seine Heimat verlässt, schwierig ist, auf diese zu verzichten, gleichzeitig Freunde, Nachbarn, Bekannte und Verwandte sowie das gewohnte Umfeld zurückzulassen, um dann in einem völlig fremden Land wie Deutschland komplett neu anzufangen. Das wäre für jeden eine große Herausforderung, die man nicht unterschätzen darf.

Vielleicht würde man vielen Menschen sogar einen Gefallen damit tun, dass man sie gezielt dabei unterstützt, in ihre Heimatländer zurückzukehren, vorausgesetzt es handelt sich nicht um aktuelle Kriegs- oder Krisengebiete. Aber könnte es dann nicht sein, dass diese Personen am Ende sogar sehr dankbar wären, dass sie nun wieder in ihre Heimat zurückkehren können, und trotzdem von uns dort unterstützt werden? Sie könnten also Unterstützung, Aufmerksamkeit und Respekt erfahren, aber eben in ihren Heimatländern, wo sie sich ohnehin wahrscheinlich in den meisten Fällen wohler fühlen als in einem für sie kulturell völlig fremden Land. Das Heimatgefühl spielt in der individuellen Betrachtung nämlich eine erhebliche Rolle.

Hierin könnte ein für alle Seiten sinnvoller Kompromiss liegen, und Deutschland könnte auch weiterhin seiner verantwortlichen Rolle gerecht werden, indem es Herkunftsländer oder auch Drittländer finanziell, logistisch, materiell und immateriell unterstützt. Möglicherweise wären die Kosten am Ende gleich, aber der Unterschied läge darin, dass der unkontrollierte Zustrom illegaler Einwanderung weniger werden würde und sich unsere nationale Situation bezüglich innerer Sicherheit und sozialer Gerechtigkeit mittelfristig und langfristig wieder stabilisieren würde.

Die Herausforderung der illegalen Zuwanderung erfordert innovative und nachhaltige Lösungen, die nicht nur die Symptome bekämpfen, sondern auch die Ursachen angehen. Statt sich ausschließlich auf Abschottung und Abschreckung zu konzentrieren, könnte ein alternativer Ansatz darin bestehen, Herkunfts- und Drittländer finanziell, logistisch, materiell und immateriell zu unterstützen. Dieser positive Anreiz könnte nicht nur die Lebensbedingungen in den Herkunftsländern verbessern, sondern auch die Dringlichkeit der illegalen Zuwanderung mindern.

Finanzielle Unterstützung:

Eine zentrale Komponente dieses Ansatzes ist die finanzielle Unterstützung von Herkunfts- und Drittländern. Mittel könnten in Bildung, Gesundheitsversorgung, Infrastrukturprojekte und Armutsbekämpfung fließen. Indem man den Menschen vor Ort die Möglichkeit bietet, ihre Lebensqualität zu verbessern, könnte die Anreizstruktur zur illegalen Migration gemindert werden.

Logistische und Materielle Hilfe:

Die Zusammenarbeit bei der Verbesserung der Sicherheitslage, Schaffung von Arbeitsplätzen und Förderung von nachhaltigen Wirtschaftsstrukturen könnte ebenfalls einen positiven Einfluss haben. Technische Hilfe, Schulungen für lokale Kräfte und logistische Unterstützung könnten dazu beitragen, die politische und wirtschaftliche Stabilität in den Ländern zu stärken, was wiederum die Fluchtursachen reduziert.

Immaterielle Unterstützung:

Eine nachhaltige Veränderung erfordert auch immaterielle Unterstützung in Form von Kapazitätsaufbau, Institutionenstärkung und Förderung von Rechtsstaatlichkeit. Dies würde nicht nur die Lebensbedingungen verbessern, sondern auch das Vertrauen in die lokalen Institutionen stärken, was einen weiteren Anreiz zur Migration mindern könnte.

Partnerschaftliche Zusammenarbeit:

Ein solcher Ansatz erfordert eine partnerschaftliche Zusammenarbeit zwischen den Herkunfts- und Drittländern sowie internationalen Organisationen. Eine koordinierte Anstrengung auf globaler Ebene kann sicherstellen, dass die Ressourcen effektiv eingesetzt werden und nachhaltige Veränderungen bewirken.

Die Idee, positive Anreize für Herkunfts- und Drittländer zu schaffen, um illegale Zuwanderung einzudämmen, ist ein vielversprechender Ansatz. Er geht über bloße Abschottung hinaus und setzt auf langfristige Veränderungen durch umfassende Unterstützung. Ein solcher Ansatz könnte nicht nur die Lebensbedingungen vor Ort verbessern, sondern auch die Ursachen für Migration beseitigen und somit eine nachhaltige Lösung bieten.

Die emotionale Verfassung von Zugewanderten spielt eine zentrale Rolle in ihrer Integration und ihrem Wohlbefinden im

Gastland. Viele Flüchtlinge und Zugewanderte haben tiefe emotionale Bindungen zu ihrer Heimat, und der Wunsch nach Rückkehr ist oft präsent. Ein humanitärer Ansatz, der die emotionale Verfassung der Zugewanderten berücksichtigt, könnte darin bestehen, sie bei der Rückkehr und Reintegration in ihre Heimat zu unterstützen. Dieser Ansatz würde nicht nur ihre individuellen Bedürfnisse respektieren, sondern auch eine nachhaltige Lösung für die Herausforderungen der Migration bieten.

Die emotionale Belastung durch die Migration kann erheblich sein. Ein humanitärer Ansatz würde psychosoziale Unterstützung bieten, um traumatische Erfahrungen zu bewältigen und den Zugewanderten dabei zu helfen, ihre Emotionen zu verstehen und zu verarbeiten. Dies könnte auch den Dialog über die Möglichkeit der Rückkehr erleichtern.

Ein wichtiger Bestandteil dieses Ansatzes wären freiwillige Rückkehrprogramme. Diese Programme würden den Zugewanderten die Möglichkeit bieten, mit Unterstützung in ihre Heimatländer zurückzukehren. Dies könnte finanzielle Hilfe, berufliche Reintegration, Bildungsangebote und andere Ressourcen umfassen, um eine erfolgreiche Rückkehr zu gewährleisten.

Der humanitäre Ansatz würde darauf abzielen, Gemeinschaften und Netzwerke zu stärken. Dies könnte sowohl im Gastland als auch im Heimatland geschehen, um den Zugewanderten eine kontinuierliche Unterstützung und Verbindung zu bieten. Die Förderung von kulturellen Veranstaltungen und Austauschprogrammen könnte einen Raum für den Erhalt der kulturellen Identität schaffen.

Ein zentraler Grundsatz dieses Ansatzes wäre die Förderung von Empowerment und Selbstbestimmung. Die

Zugewanderten sollten die Möglichkeit haben, ihre eigenen Entscheidungen in Bezug auf ihre Zukunft zu treffen. Dies könnte die Entscheidung für die Rückkehr, die Integration im Gastland oder andere Optionen umfassen.

Ein humanitärer Ansatz, der die emotionale Verfassung von Zugewanderten berücksichtigt, könnte eine bedeutende positive Veränderung bewirken. Er respektiert die individuellen Erfahrungen und Bedürfnisse der Zugewanderten, fördert ihre psychische Gesundheit und bietet eine realistische Option für diejenigen, die sich nach einer Rückkehr in ihre Heimat sehnen. Dieser Ansatz stützt sich auf Empathie, Anerkennung und Unterstützung, um eine nachhaltige Lösung für die emotionalen Herausforderungen der Migration zu schaffen.

Die Flüchtlingskrise der letzten Jahre hat die Welt vor vielschichtige Herausforderungen gestellt und dazu geführt, dass Millionen von Menschen gezwungen waren, ihre Heimat zu verlassen. Inmitten dieses komplexen Geflechts von politischen, wirtschaftlichen und humanitären Faktoren stellt sich die grundlegende Frage nach dem Glück derjenigen, die gezwungen sind, in ein fremdes Land zu ziehen. Sollte die Lösung für die Flüchtlingskrise darin bestehen, Menschen in ein neues Umfeld zu locken, oder sollten wir uns darauf konzentrieren, die Bedingungen in ihren Heimatländern zu verbessern?

Heimat ist nicht nur ein physischer Ort, sondern auch ein emotionaler Zustand. Menschen sind oft mit einem tiefen Sinn für Identität und Verbundenheit mit ihrer Heimat verwurzelt. Die Sehnsucht nach vertrauten Gesichtern, der eigenen Kultur, Sprache und Traditionen kann einen starken Einfluss auf das emotionale Wohlbefinden haben.

In einem fremden Land können sich Flüchtlinge manchmal entwurzelt fühlen, was eine ernsthafte Herausforderung für ihre emotionale Verfassung darstellt.

Die Idee, dass Menschen in einem fremden Land automatisch glücklicher sind, könnte auch die Komplexität der Integration und des Kulturschocks übersehen. Die Anpassung an eine neue Gesellschaft, Sprache und Lebensweise ist oft mit Herausforderungen verbunden. Dieser Prozess kann einige Zeit dauern und erfordert Unterstützung, um erfolgreich zu sein.

Stabilität und Sicherheit sind grundlegende Voraussetzungen für das Glücksempfinden. In vielen Fällen fliehen Menschen vor Konflikten, Unsicherheit und Armut. Daher ist es entscheidend, nicht nur die physische Sicherheit zu gewährleisten, sondern auch langfristige Lösungen zu schaffen, die den Menschen eine Perspektive und Stabilität in ihren Heimatländern bieten.

Lockangebote und Versprechungen eines besseren Lebens in einem fremden Land können zu einer verzerrten Wahrnehmung führen. Wenn die Realität nicht den Erwartungen entspricht, kann dies zu Enttäuschung, Frustration und sogar zu einer weiteren Verschlechterung der emotionalen Verfassung führen.

Die Lösung für die Flüchtlingskrise sollte nicht allein darauf abzielen, Menschen in ein neues Land zu bringen, sondern auch darauf, die Ursachen der Migration zu bekämpfen. Dies umfasst Maßnahmen zur Friedenssicherung, wirtschaftlichen Entwicklung, Bildung und Schaffung von Perspektiven in den Herkunftsländern.

Die Frage nach dem Glück in einem fremden Land oder der Sehnsucht nach der Heimat ist komplex und individuell. Eine umfassende Lösung für die Flüchtlingskrise erfordert einen holistischen Ansatz, der die Bedürfnisse der Menschen respektiert, ihre Identität bewahrt und gleichzeitig die notwendigen Bedingungen für eine Rückkehr in die Heimat schafft. Die Diskussion sollte nicht nur darauf fokussieren, Menschen zu locken, sondern auch darauf, die Wurzeln der Krise zu verstehen und zu adressieren. Nur so kann eine nachhaltige und humane Lösung gefunden werden.

11. Kapitel: Correctiv – Wer steckt dahinter?

Der Allgemeinheit wird das sogenannte Medienhaus Correctiv als ein journalistisch einwandfrei arbeitendes Pressehaus dargestellt, indem faktengeprüfte Informationen generiert werden, die der Allgemeinheit dienlich sind. Im Grunde genommen müsste man dennoch bereits hier die Frage stellen, warum dies nicht die Aufgabe *regulärer* Zeitungen oder Telemediendienste wie des Öffentlich- Rechtlichen-Rundfunks ist. Seit wann bedarf es also solcher im freien Raum schwebender *zusätzlicher* journalistischer Expertise? In derselben Ecke können wir auch die sogenannten Faktenchecker verorten, die seit wenigen Jahren wie Pilze aus dem Boden schießen und sich insbesondere auf den Informationsfluss der alternativen Medien stürzen, um diese verächtlich zu machen.

Wir können also festhalten, dass es zunächst einmal keinen klar ersichtlichen Grund gibt, warum es überhaupt Einrichtungen im Format von Correctiv bedarf. Auch der Name lässt bereits anklingen, dass hier die Auffassung vertreten wird, etwas *korrigieren* zu müssen, was andere möglicherweise aus Fahrlässigkeit oder Vorsatz falsch dargestellt haben könnten – sei es in der Presse, Film, Zeitung oder Büchern.

Insgesamt ist hieraus so etwas wie ein neuer Zeitgeist entstanden. Es gibt nicht wenige Bürger, die eine solche Instanz dankend annehmen, die ihnen das Denken gewissermaßen abnimmt, indem ein Siegel verliehen wird. Zum Beispiel: "Von

Faktencheckern geprüft – diese Informationen sind richtig; die anderen sind falsch" und so weiter.

Auch hier liegt eine Abkehr von bisher gültigen Bildern der Meinungsbildungsprozesse vor. Nämlich, dass wir eine Vielzahl von Medien nutzen, um dann zu einer eigenen Auffassung durch Nachdenken oder Diskussionen zu gelangen. Vielleicht liegt im allgemeinen Verlust von Intelligenz eine Ursache, sei es durch schlechte Bildung oder schlicht fehlende Motivation. Die Menschen wünschen sich zu großen Teilen, dass ihnen eine Meinung diktiert wird. Da passt der Name "Correctiv" natürlich sehr gut ins Bild – so etwas wie eine Nachrichtenpolizei, die amtlich bestätigt: "Auf diese Information kannst du dich verlassen, diese ist richtig; du musst nicht mehr nachdenken oder dir eine eigene Meinung bilden, verlass dich einfach blind und die Sache ist in Ordnung." Eine höchst bedenkliche Entwicklung und gar nicht im Sinne der Aufklärung.

Wenn man sich nämlich ganz unbefangen mit den Ausführungen von Martin Sellner hierzu beschäftigt, würden viele anfangen nachzudenken und zu merken, wie vernünftig dieser junge Mann sich äußert. Das ist viel mehr als das, was unsere aktuelle Regierung tut, indem sie hanebüchenen Unsinn verbreitet und den rechtlichen Rahmen missbraucht, um eine Politik der unkontrollierten Zuwanderung für übergeordnete globalistische Zwecke erst zu ermöglichen. Wie bereits ausgeführt, ist es nicht von der Hand zu weisen, dass eine Nation, die immer mehr Zuwanderung zulässt, irgendwann ihre nationale Identität verliert, in Schräglage gerät und dadurch national, aber auch international geschwächt wird.

Selbstverständlich wird dann eine andere Konstellation entstehen – ein anderes Land, eine andere Nation. Und selbstverständlich wird diese neue Nation aufgrund der Schwächung leichter zu kontrollieren und zu führen sein aus Sicht übergeordneter globalistischer Instanzen. Wenn dies das Ziel wäre, wäre es als schändlicher Missbrauch zu bezeichnen, so zu handeln. Dann werden Menschen, und hier insbesondere die Zugewanderten, als strategische Masse benutzt, um finanzielle und geostrategische globale Ziele langfristig umzusetzen und möglicherweise die Hegemonie der USA auch für die Zukunft zu sichern.

Wer ernsthaft annimmt, dass es solche weltpolitischen Ziele und Bestrebungen nicht gibt, der hat keine Ahnung. Der weiß auch nicht, dass es ureigenste Aufgabe von weltweit operierenden Geheimdiensten ist, solche Operationen zu planen und durchzuführen. Das ist keine Ausnahme oder eine Verschwörungstheorie. Das ist Alltagsgeschäft und völlig normal.

In diesem Kontext könnte "Correctiv" eine Rolle spielen. Es ist erstaunlich, dass nun Journalisten offen und unverblümt mit Geheimdiensten zusammenarbeiten, wie im Fall des sogenannten Potsdamer Treffens, an dem Sellner teilgenommen hat. Es scheint nun wirklich so gewesen zu sein, dass die Journalisten mit dem Inlandsgeheimdienst aufs Engste zusammengearbeitet haben – in der Vorbereitung, Planung, Durchführung und medialen Auswertung ihrer gewonnenen Erkenntnisse. Dass dabei gelogen wurde, steht mittlerweile als Tatsache fest (vgl. LG Hamburg). Wann merkt die deutsche Bevölkerung eigentlich, was hier gerade passiert und dass diese Methoden an die dunkelsten Zeiten einer DDR-Diktatur erinnern?

Wer finanziert das Medienhaus "Correctiv"? Was sind die Ziele des Medienhauses "Correctiv "? Nach welchen Grundsätzen arbeiten die dort beschäftigten Journalisten? Ist es richtig, dass im Fall des sogenannten Potsdamer Geheimtreffens auch eng mit dem Inlandsgeheimdienst, dem Amt für Verfassungsschutz, zusammengearbeitet wurde? Wie wird dies im Nachhinein begründet? Gibt es ethische Grundsätze, nach denen die dort eingesetzten Journalisten tätig werden? Gibt es verdeckte Strukturen?

Correctiv ist ein gemeinnütziges Recherchezentrum mit Sitz in Deutschland. Es wurde im Jahr 2014 gegründet und hat sich auf investigativen Journalismus spezialisiert. Correctiv finanziert seine Arbeit durch Spenden, Stiftungsgelder und Mitgliedsbeiträge. Die Hauptziele von Correctiv bestehen darin, unabhängigen Journalismus zu fördern, komplexe gesellschaftliche Themen zu beleuchten und Fehlinformationen entgegenzutreten. Das Recherchezentrum setzt sich für Transparenz und Aufklärung ein. Die Journalisten bei Correctiv arbeiten nach den Prinzipien des unabhängigen Journalismus und verfolgen eine sorgfältige Recherchepraxis. Die Organisation betont Ethik, Genauigkeit und Verantwortlichkeit in ihrer Arbeit. So der offizielle Tenor.

Es ist ungewöhnlich und potenziell problematisch – jedoch bereits bestätigt – dass Correctiv das Potsdamer Treffen von Martin Sellner und Gleichgesinnten investigativ unterwandert und falsche Behauptungen in Form von Presseartikeln aufgestellt hat.

Nach eigenen Angaben kostet die Arbeit von Correctiv jährlich rund 3 Millionen Euro. Diese Summe wird hauptsächlich durch Spenden aus Stiftungen und von Privatpersonen aufgebracht, jedoch auch durch Steuergelder finanziert. Zu Großspendern gehören vermutlich der Ebay-Gründer Pierre Omidyar mit 636.000 Euro oder der Philanthrop George Soros mit 429.000 Euro über fünf Jahre verteilt. Die Wochenzeitung Junge Freiheit berichtet auf ihrer Internetseite folgendes dazu:

„Langjähriger Geldgeber ist auch die Schöpflin-Stiftung mit 1,5 Millionen Euro seit 2015. Zu weiteren Förderprojekten der Stiftung gehört die politisch einschlägige Zensurorganisation „HateAid“. Auch die Mercator-Stiftung – Geldgeber der Agora Energiewende – finanziert „Correctiv“. Seit 2019 flossen über 500.000 Euro.

Mit 624.000 Euro war der deutsche Steuerzahler der zweitgrößte Unterstützer von „Correctiv“ im Jahr 2022. Konkret steuerte das Land Nordrhein-Westfalen stolze 362.000 Euro bei. Weitere 262.000 kamen direkt und indirekt aus dem Bundeshaushalt. Darunter auch Zuwendungen der Bundeskasse Halle, die dem Finanzministerium unterstellt ist.“ (Quelle: https://jungefreiheit.de/politik/deutschland/2024/wer-finanziert-correctiv/ Stand: 2.1.2024).

Diese Geldquellen werfen insgesamt viele Fragen auf, was die behauptete Unabhängigkeit und Objektivität des Journalistenteams angeht. Wir wissen alle, dass der Grundsatz *„Wes Brot ich ess, des Lied ich sing“* gültig ist und daher ist es natürlich auch interessant vor diesem Hintergrund die finanziellen Zuflüsse zu hinterfragen. Zum einen ist es also der Staat selbst, der Korrektiv unterstützt. Es dürfte auf der Hand liegen, dass Correctiv dann eher nicht geneigt ist staatskritische Berichte in den Mittelpunkt seiner Arbeit zu rücken, sondern eher regierungsbejahende Berichte hervorbringen dürfte. Aber auch was die Liste der privaten und institutionellen Spender angeht, so gibt es hier natürlich weitreichende Verflechtungen, die nicht von der Hand zu weisen sind.

Correctiv schmückt sich auch auf seiner Internetseite mit vielen Vorschusslorbeeren, was sie alles nicht für die

Demokratie tun würden und wie wichtig ihre Arbeit sei gerade in einer Zeit, in der Falschinformation blühen würden. Das ist natürlich ein sehr hoher Ansatz, der hier vertreten wird und wahrscheinlich sehen sich die Redakteure selbst als die Gralshüter der einzigen Wahrheit. Journalismus auf allerhöchstens Niveau sozusagen.

Doch wenn wir Anspruch und Wirklichkeit vergleichen, sind die Ergebnisse ernüchternd. Nehmen wir doch nur mal den aktuellen Fall, den wir erlebt haben. Da behauptete Correctiv Anfang Januar 2024 zum sogenannten Geheimtreffen in Potsdam – was ja keines war, wie wir wissen –, dass dort über Deportationspläne gesprochen worden wäre. Ein ungeheurer Vorwurf, der aufgrund der schlimmen deutschen Geschichte im Dritten Reich eine unglaubliche Tragweite hat, sowohl im Kontext als auch hinsichtlich der Verunglimpfung der Teilnehmer dieses Treffens. Es handelt sich um schwerste Rufschädigung. **Wer solch einen Begriff verwendet, muss sich dies sehr genau überlegen und vorher genau prüfen.**

Wie nun im Nachhinein herauskam und durch eidesstattliche Erklärungen der Teilnehmer gerichtsfest bestätigt wurde, wurde das Wort Deportation selbstverständlich von keinem dieser vernünftigen Menschen verwendet. Der Vorwurf, dass Correctiv diese These trotzdem verbreitet hat und damit dafür gesorgt hat, dass Hunderttausende auf die Straße gegangen sind und nun plötzlich gegen die AfD demonstriert haben, müsste eigentlich nach gesundem Menschenverstand und Kenntnis der geltenden Strafgesetzgebung zu einem Verfahren wegen Volksverhetzung (§ 130 StGB) führen – nicht jedoch hier.

Mittlerweile wurde die entsprechende Passage im Correctiv-Artikel auch verändert, und von Deportation will nun dort niemand etwas geschrieben oder gewusst haben. Der Vorwurf der Falschbehauptung erhärtet sich jedoch dadurch, dass ebenfalls der Geheimdienst an Vorbereitung, Planung und Durchführung der Operation beteiligt war – man verfügte also über erstklassige Aufklärungsmethoden, um alle Geschehnisse in Wort und Bild ausführlich festzuhalten. **Man muss also annehmen, dass Correctiv über den exakten Wortlaut aller gesprochenen Dialoge während dieses Treffens verfügt haben könnte.**

Zieht man diese Überlegung ins Kalkül, muss man weiterhin schlussfolgern, dass es so gewesen sein könnte, dass die Correctiv-Journalisten hier vorsätzlich eine Falschbehauptung aufgestellt haben, wider besseren Wissens. An dieser Stelle könnten Straftatbestände der üblen Nachrede, der Verleumdung, der Beleidigung sowie der Volksverhetzung oder auch der Nötigung neben gegebenenfalls weiteren Straftatbeständen erfüllt sein.

Es kann mir schlicht kein normal denkender Mensch erklären, dass ein Großaufgebot an Journalisten zusammen mit einem Großaufgebot an Geheimdienstlern, die insgesamt über eine hervorragende Ausstattung an finanziellen und materiellen Mitteln verfügen, alle Erkenntnisse zusammentragen und dann aus Versehen falsch berichten – und dass dieser falsche Bericht dann zu Massendemonstrationen und einem Shitstorm gegen Teilnehmer eines Privattreffens führt.

Die Wahrscheinlichkeit, dass so etwas unter den gegebenen Bedingungen aus Versehen und Unabsichtlich geschieht, würde ich mit eins zu einer Million beziffern. Ich halte es für unmöglich, dass dies aus Versehen passiert ist. Aufgrund der gegebenen Erkenntnisse würde ich vermuten, dass dies klar kalkuliert worden sein könnte und bewusst herbeigeführt worden sein könnte.

Wenn dies aber so wäre, wäre das eine Schande für alle Beteiligten Journalisten und auch für alle Geheimdienstmitarbeiter des Bundesamtes für Verfassungsschutz, die sich an so einem Werk beteiligt haben. Hier wurde gegen zahlreiche ethische, aber auch handfeste juristische Grundsätze und Grundlagen verstoßen, und der Vorgang ist bereits vor Gericht anhängig.

Wir dürfen gespannt sein und die weitere Berichterstattung hierzu verfolgen und hoffen, dass wenigstens die Gerichte noch frei genug sind, um zu klaren und rechtsstaatlichen Beschlüssen und Urteilen zu kommen, die, wenn auch im Nachhinein, die möglichen Täter deutlich in die Schranken weisen und Wiederholungstaten ausschließen.

12. Kapitel: Entsteht vor unseren Augen ein neuer Faschismus von Links?

Derzeit hören und lesen wir täglich stakkatoartig davon, wie Rechtsradikale angeblich versuchen, unseren Staat zu unterwandern und rechtsextreme Parteien versuchen, die Macht zu übernehmen um so etwas wie einen neuen Faschismus im Sinne eines *Dritten Reichs Reloaded* zu implementieren. So ziemlich alles wird heutzutage als rechts, rechtsradikal oder rechtsextrem eingestuft. Das fing schon während der inszenierten Corona Krise an, als Andersdenkende, Abweichler und Querdenker als rechtsextrem eingestuft wurden. Wer sich nicht impfen lassen wollte war rechtsextrem. Wer an Anti-Corona-Maßnahmen-Demos teilnahm, war rechtsextrem und so weiter.

Die gleiche Problematik setzt sich aktuell fort: Wer gegen den Krieg in der Ukraine ist, gilt als Putin-Versteher und damit als rechtsextrem. Ebenso wird jemand als rechtsextrem eingestuft, der die AfD befürwortet oder die Bauernproteste unterstützt. Auch wer in Schule, Betrieb oder Familie abweichende Meinungen vertritt, die nicht von oben diktiert werden, wird als rechtsextrem betrachtet.

Das ist jedoch nicht alles. Heutzutage wird man schon als rechtsextrem bezeichnet, wenn man sich weigert, gendergerechte Sprache zu verwenden, nicht brav die vegane Hafermilch trinkt oder sich für toxisch maskuline Ideale interessiert und versucht, diesen nachzueifern. Selbst das Lachen über bestimmte Comedians wie *Otto* oder *Harald Schmidt* kann dazu führen, als rechtsradikal betrachtet zu werden. Ebenso verhält es sich mit Literatur von Michael Ende oder Ottfried Preußler.

Die Befürworter solcher verfassungsfeindlicher Ansichten präsentieren sich offen als Antifaschisten. Auf Demonstrationen zeigen sie durchgestrichene Hakenkreuze. Dabei vergessen sie, dass dies dennoch verfassungsfeindliche und somit verbotene Symbole sind. Die Ironie besteht darin, dass sie ähnliche Symbole, eine ähnliche Wortwahl und Herangehensweisen wählen wie die, die sie zu bekämpfen vorgeben. Und nicht selten steht die Polizei direkt daneben und macht…nichts! Traurig, aber wahr.

Insbesondere der Verfassungsschutz weiß genau um die Tatsache, dass solche verbotenen Zeichen, welche bei dementsprechenden Demonstrationen benutzt werden, verfassungswidrig sind und sofort entfernt werden müssen. Was tun sie dagegen, meine Herren?

In Hasspostings der Antifa in den sozialen Medien wird immer häufiger dazu aufgerufen, gegen sogenannte Nazis umgehend Nazimethoden anzuwenden, bis hin zum Aufruf zur Einschüchterung, Unterdrückung, Nötigung oder Mord. Nochmal: WO IST DER VERFASSUNGSSCHUTZ? WO IST DIE POLIZEI?

Behördenmitarbeiter, die vorsätzlich wegsehen, indem sie Verfahren ablehnen oder unter den Tisch fallen lassen, verhalten sich selbst rechtswidrig und verfassungsfeindlich (Menschenwürde). Man kann dieses wichtige Detail gar nicht oft genug betonen.

Kurzum: Es ist gesetzlich verboten, jemanden öffentlich als rechts, rechtsradikal oder Nazi zu beschimpfen, zu beleidigen, zu nötigen, zu denunzieren oder ihm sogar körperlich Gewalt anzutun. Dennoch rufen weite Teile der Politik und vor allem der Medien deutschlandweit zu solchem Verhalten auf oder unterstützen es durch Stimmungsmache und Wegsehen. Angriffe auf AfD-Politiker sind in den letzten Monaten so zahlreich vorgekommen, dass sie nicht ignoriert werden können. In jedem anderen Fall hätte es einen Aufschrei in der Republik gegeben, aber hier wurde sogar gelacht und Spott über die Opfer ausgeschüttet.

Ein bekanntes Zitat, dem verschiedene Quellen zugeschrieben werden, lautet:

„Wenn der Faschismus wiederkommt, wird er nicht sagen: 'Ich bin der Faschismus.' Nein, er wird sagen: 'Ich bin der Antifaschismus.'"

Dies sollte zu denken geben, da die Tarnung offensichtlich wäre. Es zeigt, dass man nicht darauf vertrauen kann, dass von traditionell links orientierten Parteien und deren Unterbewegungen keine faschistischen Tendenzen ausgehen. Im Grunde genommen wird mit dieser Art der Tarnung versucht, den Faschismus in einem vermeintlich demokratischen Gewand zu präsentieren.

Der Fallstrick liegt darin, dass der Zweck eben nicht die Mittel heiligt. Man darf nicht die gültigen Gesetze und die Verfassung überschreiten, nur um einen angeblich höheren Zweck zu erfüllen. Verfassung und gültige Gesetze gelten für *alle* Angehörigen des Staates, auch für diejenigen, die möglicherweise unliebsame Meinungen vertreten. Die Demokratie erfordert, dass auch solche Meinungen gehört werden können, ohne sie totzuschweigen oder zu bekämpfen. Derzeit sieht es jedoch so aus, als ob eine linksradikale Haltung forciert wird, die mit einem politischen Statement nichts mehr zu tun hat und auch nicht durch die freie Meinungsäußerung gedeckt ist.

In der Entstehung eines faschistischen Staates spielen Manipulation und Kontrolle in verschiedenen gesellschaftlichen Sphären eine entscheidende Rolle. Ein Blick auf die Schlüsselbereiche zeigt, wie eine Partei schrittweise einen faschistischen Staat erschaffen kann.

1. Manipulation der Gesetzgebung:

Die Untergrabung der Rechtsstaatlichkeit ist ein erster Schritt hin zu einem faschistischen Staat. Hierbei könnten Gesetze so gestaltet oder interpretiert werden, dass sie politische Gegner diskreditieren oder beseitigen. Zugleich könnten Gesetze zur Einschränkung von Grundrechten genutzt werden, um die Kontrolle über die Bevölkerung zu verschärfen.

2. Kontrolle der Presseberichterstattung:

Die Pressefreiheit steht im Fadenkreuz, wenn ein faschistischer Staat entsteht. Eine manipulative Regierung könnte unabhängige Medien unterdrücken, kritische Stimmen zum Schweigen bringen und eine staatlich kontrollierte Berichterstattung forcieren. Propaganda könnte als Werkzeug dienen, um die öffentliche Meinung zu lenken und die Kontrolle über die Wahrnehmung der Realität zu festigen.

3. Einfluss auf Schulen und Bildung:

Die Kontrolle über das Bildungssystem ist entscheidend, um ideologische Prägungen zu fördern. Eine Partei könnte versuchen, Lehrpläne zu beeinflussen, um eine verzerrte Geschichtsschreibung zu etablieren und autoritäre Werte zu vermitteln. Ziel ist es, die kommende Generation im Sinne der Ideologie zu formen und Kritikfähigkeit zu unterdrücken.

4. Eingriff ins Familienzusammenleben:

Die Kontrolle über das Familienleben kann ebenfalls ein Instrument sein. Dies kann durch die Beschränkung individueller Entscheidungsfreiheiten und die Etablierung rigider Normen erreicht werden. Die Familie wird somit zu einem Instrument der Ideologie, das die Prinzipien des Staates weiterträgt.

5. Ausweitung der Propaganda:

Propaganda wird zu einem mächtigen Werkzeug in der Erschaffung eines faschistischen Staates. Durch gezielte Desinformation, die Schaffung von Feindbildern und die Heroisierung der eigenen Ideologie versucht die Partei, die Loyalität der Bevölkerung zu gewinnen. Medien, Schulen und öffentliche Räume werden mit propagandistischen Botschaften durchdrungen, um eine homogene Meinung zu schaffen.

In der Summe greifen diese Maßnahmen ineinander, um eine umfassende Kontrolle über die Gesellschaft zu erlangen. Eine solche Entwicklung erfordert oft schleichende Veränderungen, die die Grundpfeiler der Demokratie und individuellen

Freiheiten unterminieren. Daher ist die Wachsamkeit gegenüber solchen Entwicklungen und die Verteidigung demokratischer Prinzipien von entscheidender Bedeutung, um den Weg in einen faschistischen Staat zu verhindern.

Aus meiner Sicht ist es so, dass die Einteilung des politischen Spektrums in links und rechts keinen Sinn mehr ergibt, wenn man den Nationalsozialismus oder andere faschistische Systeme erklären will. Wenn allgemein angenommen wird, dass Extremismus immer vom rechten Spektrum kommt, halte ich diese Annahme für falsch und würde eher vermuten, dass extreme Tendenzen aus beiden Richtungen kommen können oder sogar die Summe aus beiden Richtung bilden können.

Die Annahme, dass politischer Extremismus ausschließlich aus einer bestimmten politischen Richtung entspringt, ist eine Vereinfachung, die die Vielschichtigkeit und Dynamik extremistischer Bewegungen unterschätzt. Eine differenzierte Betrachtung zeigt, dass extreme Tendenzen aus verschiedenen politischen Richtungen kommen können und oft nicht in ein starres Links-Rechts-Schema passen. Ein näherer Blick auf die Entstehung des Nationalsozialismus und anderer faschistischer Systeme verdeutlicht, warum eine flexible Herangehensweise erforderlich ist.

Die Entstehung des Nationalsozialismus war ein komplexer Prozess, der verschiedene ideologische Einflüsse vereinte. Die Bewegung vereinte Elemente aus nationalistischem Gedankengut, rassistischer Ideologie, autoritärem Denken und antikommunistischen Überzeugungen. Die starre Kategorisierung als ausschließlich rechts oder links greift hier zu kurz.

Extremistische Bewegungen neigen dazu, Ideen und Elemente aus verschiedenen politischen Spektren zu mischen. Die Geschichte zeigt, dass scheinbar gegensätzliche Ideologien in extremistischen Kontexten miteinander verschmelzen können. Der Fokus sollte daher nicht nur auf der horizontalen Achse (Links-Rechts), sondern auch auf der vertikalen Achse (autoritär-libertär) liegen.

Radikalisierung kann in unterschiedlichen politischen Kontexten auftreten und ist nicht ausschließlich mit einer bestimmten politischen Ausrichtung verbunden. Extremistische Überzeugungen können sich durch gesellschaftliche Unzufriedenheit, wirtschaftliche Krisen oder politische Instabilität entwickeln, unabhängig von der traditionellen Einteilung in links oder rechts.

Der Weg zu totalitären Systemen ist oft geprägt von autoritären Strukturen und dem Streben nach Macht. Dieses Streben kann sowohl aus dem linken als auch aus dem rechten politischen Spektrum kommen.

In der heutigen Zeit, in der politische Extreme aufkommen, ist es entscheidend, die vielschichtige Natur von Radikalisierung und Extremismus zu verstehen. Eine starre Einteilung in links oder rechts kann die Komplexität dieser Phänomene nicht angemessen erfassen. Der Fokus sollte darauf liegen, die Ursachen von Radikalisierung zu verstehen und Maßnahmen zu entwickeln, die eine inklusive Gesellschaft fördern.

Der Nationalsozialismus, der unter der Führung Adolf Hitlers in Deutschland aufkam, ist eine historisch einzigartige Ideologie, die nicht leicht in das traditionelle Spektrum von "links" oder "rechts" eingeordnet werden kann. Der Name "Nationalsozialismus" beinhaltet das Wort "Sozialismus", was auf den ersten Blick auf eine Verbindung zu linken Ideologien hinweisen könnte. Jedoch ist es wichtig, die tatsächlichen Ideen und Praktiken des Nationalsozialismus zu analysieren, um die komplexe Natur dieser Bewegung zu verstehen.

Der Nationalsozialismus zeichnete sich durch eine einzigartige Synthese aus autoritärem Nationalismus, Rassismus und sozialistischen Elementen aus. Ein zentrales Element des nationalsozialistischen Sozialismus war die Kontrolle der Wirtschaft durch den Staat, wobei Großunternehmen oft unter staatliche Kontrolle gestellt wurden. Dieser sogenannte "Staatssozialismus" unterschied sich jedoch grundlegend von den sozialistischen Konzepten der Arbeiterkontrolle oder der klassenlosen Gesellschaft.

Ein weiterer entscheidender Aspekt des Nationalsozialismus war der rassistische Antisemitismus. Die nationalsozialistische Ideologie verfocht die Überlegenheit der "arischen Rasse" und diskriminierte und verfolgte rücksichtslos Minderheiten, insbesondere Juden. Zusätzlich zum Wirtschafts- und Rassenaspekt war der Nationalsozialismus stark von einem autoritären Staatsmodell geprägt.

In der Zeitgeschichte wird der Nationalsozialismus daher oft als eine einzigartige, totalitäre Ideologie betrachtet, die Elemente sowohl aus dem rechten als auch aus dem linken Spektrum aufgriff und zu einer gefährlichen und menschenverachtenden Synthese formte. Der Versuch, den Nationalsozialismus eindeutig als links oder rechts zu kategorisieren, greift zu kurz und vernachlässigt die komplexen und widersprüchlichen Elemente dieser ideologischen Strömung.

Wenn wir uns die Gegenwart anschauen, dann erleben wir derzeit auch bei uns immer häufiger die Unterdrückung von Opposition durch Stimmungsmacher, durch gelenkte Demonstrationen, durch Steuerung der Medien oder ideologische Vorgaben in Schulen oder sogar in Behörden. In einer Demokratie spielen freie Medien eine entscheidende Rolle bei der Gewährleistung einer informierten Öffentlichkeit. Die

Kontrolle oder Beeinflussung der Medien durch die Regierung kann jedoch zu einer einseitigen Berichterstattung und Manipulation der öffentlichen Meinung führen. Wenn Regierungsvorgaben den Journalismus beeinflussen, können kritische Stimmen unterdrückt und eine verzerrte Darstellung der Realität gefördert werden. Solche Tendenzen bergen das Risiko, dass eine demokratische Gesellschaft in Richtung einer totalitären Struktur driftet.

Das Lenken von Demonstrationen oder politischen Ereignissen, um sie in die gewünschte Richtung zu bewegen, ist ein weiterer Aspekt, der in autoritären Regimen häufig zu finden ist. Wenn Demonstrationen von der Regierung gesteuert werden, können sie als Mittel zur Unterdrückung oppositioneller Stimmen dienen. Diese Manipulation kann dazu beitragen, ein Bild der Unterstützung für die Regierung zu schaffen, während legitime Kritik unterdrückt wird.

Die Beeinflussung von Schulen durch ideologische Vorgaben kann langfristige Auswirkungen auf die Gesellschaft haben. Wenn Lehrpläne politisch gesteuert werden und eine bestimmte ideologische Ausrichtung erzwingen, besteht die Gefahr, dass kritisches Denken eingeschränkt wird und die Schülerinnen und Schüler einer einseitigen Weltanschauung ausgesetzt sind. Dies kann die Basis für eine Manipulation der öffentlichen Meinung und die Unterdrückung von Dissens legen.

Der Einsatz von Behörden für politische Zwecke, anstatt ihrer eigentlichen Aufgaben nachzugehen, kann autoritäre Tendenzen verstärken. Wenn politische Loyalität wichtiger wird als die Einhaltung von Gesetzen und Prinzipien, kann dies zu einem Missbrauch staatlicher Macht führen und die Unabhängigkeit der Institutionen untergraben.

Aktuelles und prominentestes Beispiel ist die Vorstellung des sogenannten Demokratiefördergesetzes bei dessen Präsentation auf der Bundespressekonferenz auch der Präsident des Bundesamtes für Verfassungsschutz anwesend war. Anscheinend durch den wissenschaftlichen Dienst des Deutschen Bundestages zutage gefördert, stellt sich nun nach und nach heraus, dass dieser Gesetzesentwurf möglicherweise schwere Verletzungen der deutschen Verfassung gezielt in Kauf nehmen würde und damit möglicherweise einen schweren Schaden für die deutsche Demokratie bedeuten würde. Ist der Verfassungsschutz also selbst bereits ein Fall für den Verfassungsschutz geworden? Und wenn ja, wer schützt dann im Moment eigentlich unsere Verfassung?

Die beschriebenen Tendenzen, wenn sie in ihrer Ausprägung extreme Formen annehmen, könnten theoretisch faschistische oder totalitäre Züge tragen. Die Kontrolle von Medien, Demonstrationen, Bildungseinrichtungen und Behörden ist eine Strategie, die in totalitären Regimen verwendet wird, um die Bevölkerung zu kontrollieren und politische Opposition zu unterdrücken. Daher ist es von entscheidender Bedeutung, solche Entwicklungen aufmerksam zu verfolgen und sich für die Wahrung demokratischer Prinzipien, Meinungsfreiheit und Rechtsstaatlichkeit einzusetzen, um eine solide Grundlage für eine offene und freie Gesellschaft zu erhalten.

Die Alternative für Deutschland (AfD) ist eine legale und erlaubte politische Partei in Deutschland. Die AfD wurde im Jahr 2013 gegründet und hat seitdem an verschiedenen Landtags- und Bundestagswahlen teilgenommen. Als politische Partei unterliegt die AfD den Gesetzen und Bestimmungen, die für Parteien in Deutschland gelten. Das schließt die Einhaltung der Grundsätze der freiheitlich-demokratischen Grundordnung ein, wie sie im Grundgesetz festgelegt sind.

In den aktuellen politischen Debatten Deutschlands steht die Alternative für Deutschland (AfD) im Mittelpunkt einer intensiven Kontroverse. Politiker aller anderen Parteien, Medien, die Bischofskonferenz und weitere gesellschaftliche Akteure üben verstärkt Kritik gegenüber der AfD und ihren Anhängern aus. Diese Entwicklung wirft die ernste Frage auf, ob die Demokratie in Deutschland in Gefahr geraten könnte, wenn die einzige verbliebene Oppositionspartei so starken Angriffen ausgesetzt ist.

Die politische Landschaft in Deutschland wird zunehmend zu einer Kampfzone, in der die AfD und ihre Anhänger massiven Angriffen und Kontroversen ausgesetzt sind. Die Frage, ob diese Auseinandersetzungen die demokratischen Prinzipien beeinträchtigen könnten, steht im Zentrum der Diskussion.

Die Medienlandschaft gerät ebenfalls in die Kritik, da eine vermeintlich einseitige Berichterstattung über die AfD dazu führt, dass die öffentliche Meinung beeinflusst wird. Wie stark beeinflusst die mediale Kontroverse die demokratische Kultur? Kritiker warnen vor einer Verzerrung, die die demokratische Vielfalt gefährdet.

Berichte über Drohungen gegen AfD-Mitglieder und deren Anhänger werfen die Frage auf, ob politische Meinungen frei geäußert werden können, ohne persönliche Angriffe befürchten zu müssen. Der Schutz der Meinungsfreiheit ist ein entscheidender Pfeiler jeder Demokratie und sollte auch für Mitglieder einer Oppositionspartei gelten.

Die geballte Kritik und Angriffe gegen die AfD führen zu einer ernsthaften Überlegung, ob diese Entwicklung die demokratischen Werte insgesamt gefährden könnte. Wenn die einzige verbliebene Oppositionspartei systematisch unter Druck gerät, besteht die Gefahr, dass die demokratische Vielfalt und der Wettbewerb der Ideen erheblich leiden. Die Debatte um die AfD wird somit zu einer wegweisenden Herausforderung für die deutsche Demokratie. Die Frage, wie Gesellschaft und politische Akteure auf diese Herausforderungen reagieren, wird entscheidend dafür sein, ob die demokratischen Grundprinzipien weiterhin in ihrer vollen Breite gewahrt werden können oder eben nicht.

13. Kapitel: Wer oder was ist die Identitäre Bewegung?

Die Identitäre Bewegung ist ein Zusammenschluss meist junger Menschen, die zentral den Ansatz vertreten, dass die europäische Kultur nach außen hin geschlossen auftreten muss und sich vor *unkontrollierter* Zuwanderung schützen muss um ihre Identität nicht für immer preiszugeben. Im Logo führt sie das griechische Lambda.

Das Lambda-Zeichen (Λ) wurde im antiken Sparta als Symbol der spartanischen Krieger verwendet. Dieses Zeichen war auf den Schilden der spartanischen Hopliten, den schwerbewaffneten Fußsoldaten, zu finden. Der Einsatz des Lambda-Zeichens auf den Schilden hatte eine symbolische Bedeutung und diente dazu, die Solidarität und den Stolz der spartanischen Krieger zu fördern.

Die Verwendung des Lambda-Zeichens als Symbol ist eng mit der spartanischen Erziehung und dem militärischen Training verbunden. Spartas Gesellschaft legte großen Wert auf die Kriegerethik, Disziplin und Tapferkeit. Die Hopliten trugen das Lambda als Zeichen ihrer Zugehörigkeit zu einem gemeinsamen militärischen Ideal und als Symbol für den gemeinsamen Schutz der Heimatstadt.

Die Verfassungsschutzbehörden in Deutschland, aber auch in Österreich und Frankreich, überwachen diese Organisation mit nachrichtendienstlichen Methoden, weil sie sie dem Rechtsextremismus zuordnen. Der Hauptkritikpunkt der

Behörden besteht darin, dass die Bewegung angeblich einen Rassismus ohne Rassen betreibt, indem sie die Abschottung der eigenen Nation gegenüber anderen Nationen forcieren würde.

Auch nach einer intensiven Auseinandersetzung mit der Materie lässt sich nicht erkennen, dass dies tatsächlich der Fall ist. Die Organisation behauptet lediglich, dass sie eigene nationale Interessen vor zu viel Zuwanderung schützen möchte, da andernfalls die Nationen Europas, insbesondere Österreichs, Deutschlands und Frankreichs, in eine irreparable Schräglage geraten würden. Auf dem Spiel stehen gewachsene Werte, die sich in Kultur, Sprache, Normen, Gesetzen und nicht zuletzt den Verfassungen widerspiegeln. Daher müssen die Vorwürfe der Verfassungsschutzorgane als absurd bezeichnet werden. Genau umgekehrt könnte man argumentieren, dass die Identitäre Bewegung im Kern nichts anderes verfolgt als das, wofür die Verfassungsschutzorgane letzten Endes da sind: die Verfassung und ihre darin garantierten Werte auch vor fremdem Zugriff und Manipulation zu schützen.

Es liegt auf der Hand, dass eine Neugestaltung der Nationen durch eine ungezügelte Zuwanderung sich über kurz oder lang auf das normative Geflecht aus Sitten, Regeln und Gesetzen auswirken wird. Solche Entwicklungen sind, wenn einmal implementiert, kaum noch umkehrbar. Es ist jedoch nicht erkennbar, und es gibt keine mir bekannten Erkenntnisse, dass die Identitäre Bewegung rassistische Tendenzen hätte. Es gibt keine Anzeichen dafür, dass andere Rassen abgelehnt oder als minderwertig erachtet werden, wie es im klassischen Rassismus der Fall ist.

Ganz im Gegenteil setzen sich Identitäre dafür ein, dass auch Menschen anderer Herkunftsländer, die in Deutschland Fuß gefasst haben und bereit sind, deutsche Normen und Werte anzunehmen, sich integrieren und natürlich die deutsche Staatsangehörigkeit erhalten sollen. Sie grenzen sich lediglich von fahrlässig und vorsätzlich herbeigeführter illegaler Zuwanderung ab und lehnen Begründungen ohne humanitäre Notwendigkeit ab. Sie sind gegen einen Bevölkerungsaustausch und lehnen es ab, dass europäische Grenzen so gut wie unbewacht sind und ein nahezu unbegrenztes Duldungs- und Bleiberecht gilt.

Als vernunftbegabter und gebildeter Mensch ist mir nicht ersichtlich, was daran verwerflich oder gar rechtsextrem sein soll. Vielmehr handelt es sich um eine politische Meinung oder Haltung, die sicherlich nicht jedem gefallen wird, aber im demokratischen politischen Spektrum Platz haben muss. Auffällig ist hingegen, dass kaum jemand den direkten Dialog mit diesem Personenkreis sucht. Mitglieder der Identitären Bewegung werden so gut wie nie zu Diskussionsrunden, öffentlichen Veranstaltungen, Talkshows oder Interviews eingeladen. Das lässt vermuten, dass man ihren Argumenten nur wenig entgegensetzen könnte und anscheinend nicht den Mut hat, ihnen eine Plattform zu bieten. Das ist auffällig und legt möglicherweise die wahren Beweggründe offen, warum diese Bewegung stigmatisiert wird.

Die Identitäre Bewegung hat trotz ihrer umstrittenen Natur viele Aspekte, die von ihren Anhänger als positiv betrachtet werden. Einige Menschen argumentieren, dass die Identitäre Bewegung erfolgreich junge Menschen mobilisiert und ihr Interesse an politischen Themen weckt. Dieser Aktivismus könnte dazu beitragen, die politische Partizipation und das Bewusstsein für gesellschaftliche Fragen zu fördern.

Die Identitären sprechen sich oft gegen bestimmte Aspekte der Migrationspolitik aus und bringen Themen wie nationale Identität und kulturelle Bewahrung in den öffentlichen Diskurs. Einige Flügel der Identitären Bewegung haben sich auch für Umweltschutzthemen interessiert und Aktivismus in diesem Bereich betrieben.

Möglicherweise wären die Gründungsväter unserer Republik nach heutigen Gesichtspunkten auch als Rechtsextreme zu bezeichnen. Wenn nämlich heute bereits das Zeigen der Nationalfarben Schwarz-Rot-Gold oder das Singen der Nationalhymne als rechts oder sogar als rechtsextrem im öffentlichen Diskurs gewertet wird, muss man sich fragen, wo wir eigentlich hingekommen sind und wo wir eigentlich leben. Wer sich zur Verfassung bekennt und das nicht nur als Lippenbekenntnis preisgibt, der liebt seine Nationalfarben und schmettert die Nationalhymne. Natürlich ist es auch in Ordnung, das nicht zu wollen; das ist jedem selbst überlassen. Aber Menschen dafür zu verurteilen, so zu handeln, legt deutliches Zeugnis darüber ab, auf welcher Seite des Gesetzes sich diese Personen bewegen.

Kurzum: Das Bekenntnis zur Nation, zu ihren Symbolen, zur Verfassung und zu ihren Gesetzen ist alles andere als radikal; es ist absolut demokratisch in seiner ureigensten Form und patriotisch. Der Begriff "Heimat" spielt eine zentrale und oft emotionale Rolle in der Identitären Bewegung. Die Auseinandersetzung mit dem Heimatbegriff ist jedoch komplex und reflektiert die ideologischen Grundlagen, aber auch die Kontroversen dieser politischen Strömung. Wir wollen eine tiefgehende Analyse des Heimatverständnisses in der Identitären Bewegung vornehmen, um einen Einblick in die Bedeutung und Implikationen dieses Konzepts zu gewinnen.

Die Identitäre Bewegung knüpft an den historischen Begriff der Heimat an und betont die Wahrung von Traditionen, kultureller Identität und einem gemeinsamen nationalen Erbe. Der Rückgriff auf historische Werte und Symbole soll eine Kontinuität mit der Vergangenheit herstellen und eine Identität betonen, die durch kulturelle Gemeinsamkeiten und geschichtliche Bindungen definiert ist.

Für die Identitären ist "Heimat" nicht nur ein geografischer Ort, sondern ein Symbol für kulturelle Identität und Homogenität. Der Fokus liegt auf der Bewahrung einer vermeintlich bedrohten kulturellen Einheitlichkeit durch die Ablehnung von Multikulturalismus und globalen Einflüssen, die als Gefahr für die traditionelle Identität betrachtet werden.

Der Heimatbegriff in der Identitären Bewegung ist eng mit der Kritik an Globalisierung und grenzenloser Migration verbunden. Die Betonung der lokalen Verwurzelung soll einer als entfremdend empfundenen Globalisierung entgegenwirken. Entgrenzte und illegale Migration im Millionenbereich wird in diesem Kontext als Bedrohung der kulturellen Homogenität betrachtet, was zu einer verstärkten Betonung des Heimatbegriffs führt.

Die Identitären bedienen sich spezifischer Symbole, um den Heimatbegriff zu unterstreichen. Historische Symbole wie das Lambda-Zeichen oder regionale Bezüge dienen als Identifikationsmerkmale für die Bewegung. Die Verwendung solcher Symbole soll eine emotionale Bindung an die vermeintliche Heimat schaffen und eine Abgrenzung zu vermeintlich fremden Einflüssen ermöglichen.

Die Identitären fördern ein Bewusstsein für die eigene Heimat, was dazu beitragen könnte, dass Menschen sich stärker mit ihrem lokalen Umfeld identifizieren. Ein starkes

Heimatbewusstsein könnte als Grundlage für lokale Gemeinschaften dienen und das Engagement der Bürger vor Ort stärken. Die Betonung der Heimat geht oft einher mit der Förderung lokaler Wirtschaft. Durch die Stärkung lokaler Identitäten könnten Identitäre dazu beitragen, dass Menschen ihre Heimat als wirtschaftlichen und sozialen Raum stärker unterstützen. Dieser Ansatz könnte von Befürwortern als Maßnahme gesehen werden, um den kulturellen Reichtum und die Eigenheiten einer Gesellschaft zu bewahren.

Die Identitären sehen in ihrer Heimatvorstellung auch einen Schutz vor den als entfremdend wahrgenommenen Auswirkungen der Globalisierung. Diese Perspektive könnte von Anhängern als Bemühung um einen gemeinschaftlichen Widerstand gegen globalisierte Trends betrachtet werden.

Die Identitäre Bewegung stellt eine alternative Perspektive zur Verfügung, die zu einem Dialog über kulturelle Identität, Migration und Globalisierung anregen kann. Der Austausch von Ansichten kann dazu beitragen, ein tieferes Verständnis für die verschiedenen Standpunkte in der Gesellschaft zu entwickeln.

Eine neutrale Empfehlung könnte daher nur lauten, dass alle Parteien, Behörden, Institutionen, Medien und Personen des öffentlichen Lebens sich eindeutig zur Verfassung, zum deutschen Staat, zu seiner Symbolik und zu seinen Gesetzen bekennen und dies auch nach außen hin zeigen sollten. Das könnte beispielsweise bedeuten, dass die Nationalfarben wieder öfter zur Verwendung kommen und dass die Nationalhymne wieder öffentlich dargeboten wird. Solange dies von den entsprechenden Kreisen bereits als *rechts* angesehen wird, ist der Zerfall der zu schützenden Werte bereits vorprogrammiert. Erst wenn breite Gesellschaftsschichten sich dazu bekennen und die rechtsstaatliche Symbolik für sich vereinnahmen, kann die Demokratie inklusive eines Begriffs von Heimat und Nation wieder wachsen.

Solange Parteien wie SPD, Grüne, aber auch CDU und CSU diesen Bedarf nicht bedienen, bereiten sie selbst den Boden für einen gewissen Zerfall der demokratischen Grundwerte und schaffen das Machtvakuum, das sie nun aufwändig zu bekämpfen versuchen. Der Ratschlag an dieser Stelle wäre daher, nicht die zu bekämpfen, die das Machtvakuum nun füllen wollen, sondern selbst die eigene Politik, die eigenen Maßnahmen neu auszurichten und das Viertel der deutschen Bevölkerung, das sich im Moment von der AfD angezogen fühlt, wieder für sich zu begeistern, anstatt es zu verteufeln.

Spalten tun also nicht die, die nationale Werte richtigerweise für sich vereinnahmen, sondern die, die sie offenkundig ablehnen.

14. Kapitel: Das Marketing-Problem: Martin Sellner und die Identitären bezeichnen sich selbst als „rechts"

Diese Schrift soll keine Lobeshymne auf Martin Sellner und seine Identitären Bewegung darstellen, sondern ist dazu angelegt worden, ein kritisches Bild auf die damit verbundenen Konzepte zu werfen. Und es gibt kritische Aspekte anzusprechen, die im Folgenden genauer beleuchtet werden sollen. Wo Licht ist, ist ja bekanntlicherweise auch Schatten und so fällt auf, dass die Bewegung keinen Hehl daraus macht, sich selbst als *rechts* zu bezeichnen. Nun auch das ist insofern nichts Verwerfliches und nicht unbedingt etwas Besonderes im politischen Diskurs. Denn linke und rechte Strömungen gibt es seit jeher und beide gehören zur politischen Realität dazu.

So regt sich ja auch schon lange niemand mehr auf über eine Linkspartei, über die linken Ambitionen einer Sahra Wagenknecht oder über den extrem linken Flügel bei Grünen und SPD. Warum sollte dies dann umgekehrt bei rechten Gruppierungen ein Problem darstellen?

Dennoch gibt die eigene Verortung ins *rechte Lager* der Identitären Bewegung einen schalen Geschmack. Warum? Das will ich im Folgenden ausführen.

Meines Erachtens spielen nämlich die Bezeichnungen "Links" und "Rechts" im politischen Diskurs eigentlich keine Rolle mehr. Die ursprüngliche Herkunft bezieht sich auf die Verteilung der Sitze im Parlament. Die Befürworter eines Wandels und einer stärkeren Beteiligung des Volkes saßen auf der linken Seite, während diejenigen, die die traditionellen Strukturen unterstützten, auf der rechten Seite saßen. Heutzutage werden diese Begriffe oft verwendet, um politische Positionen und Ideologien grob zu kategorisieren, obwohl die genaue Bedeutung je nach Kontext variieren kann. Aber in der politischen Realität können sowohl Linke als auch sogenannte Rechte oft gemeinsame Schnittmengen bilden und vertreten oft sehr ähnliche Ansichten im Gegensatz zu früheren Zeiten.

Trotzdem bleibt der Begriff *Rechts* ideologisch stark aufgeladen und provoziert ungewollt oder gewollt eine Polarisierung, die eine Hinwendung zu den Inhalten nicht mehr möglich erscheinen lässt.

Worauf ich hinaus will, ist dies: Wer sich also gezielt als links oder als rechts *bezeichnet* und damit kein Problem hat, könnte sich bewusst oder unbewusst auf die Traditionslinie berufen, die mit diesen Begriffen einhergeht. Er handelt meiner Meinung nach undiplomatisch und ungeschickt weil rückwärtsgewandt. Damit gibt er deutlich zu erkennen, dass er sich in der Traditionslinie einer Gesellschaft befindet, die in großen Teilen als überwunden galt. Das ausschließlich Traditionsbehaftete wurde nämlich auch in der jüngsten Vergangenheit nicht immer als *das Positive* wahrgenommen. Nämlich zu der Zeit, als es noch allgegenwärtig war.

Wenn ich mich an meine eigene Jugend erinnere, kann ich mich noch sehr gut darauf besinnen, dass hier viele als konservativ geltende Traditionen und Normen vorherrschten, die ich selbst nicht als erstrebenswert und positiv erachtete. Sie schienen meine persönliche Entfaltung und den Willen nach Freiheit deutlich einzuschränken. Viele der vorgegebenen Normen und Traditionen blieben für mich damals unklar und unverständlich. Ich hatte das Gefühl, dass ich diese befolgen musste, um nicht ins gesellschaftliche Abseits zu geraten.

Unfreiheit in Wort und Tat waren deshalb oft die Folge, um nicht permanent anzuecken. Trotzdem ist in dieser Zeit mein Wille nach Freiheitsbestrebung und freier Entfaltung wahrscheinlich gerade aufgrund dieser Situation besonders gewachsen. Später habe ich ganz bewusst und gezielt die als konservativ und einengend empfundenen Traditionen und Normen abgeschüttelt. So gesehen habe ich mich in meiner Kindheit und meiner Jugend also eher auf der linken Seite des Spektrums befunden und fand alles sogenannte Rechte ätzend.

Ganz konkret ist es ja so, dass wir noch vor einigen Jahrzehnten sehr konservativ und damit in diesem Verständnis eher rechts geprägt waren. Das äußerte sich zum Beispiel darin, dass man Lehrern und Erwachsenen nicht widersprechen durfte, dass man brav alle vorgegebenen Regeln einhalten musste, was auch Kleidungs- und Verhaltensregeln sowie Regeln der Kommunikation einschloss. Allzu freizügiges Verhalten war sozial nicht erwünscht, zum Beispiel die freie Wahl eines Partners oder des Freundeskreises. Familie und Gesellschaft achteten sehr genau darauf, dass der Nachwuchs nur mit bestimmten Menschen Kontakt hatte, die dem eigenen Normen- und Verhaltenskreis entsprachen. Es wurden nur Filme gesehen, Musik gehört und Bücher gelesen, die ins traditionelle Weltbild passten. All das wurde durch Eltern, Lehrer und die Gesellschaft als Ganzes bestimmt.

Und wie haben wir es heute? Genau umgekehrt, richtig. Heute gibt der Links-Woke-Mainstream die Ideologie vor und wer ihr ausweicht, wird sofort stigmatisiert und ausgegrenzt. Dasselbe *in Grün* könnte man also witzeln.

Ich empfand die Zeit meiner Jugend jedenfalls als rechtskonservativ und insofern nicht meinen Idealen entsprechend. Was aus dieser Zeit allerdings positiv erhalten geblieben ist, sind charakterliche Eigenschaften wie Disziplin, Ehrlichkeit, Durchhaltefähigkeit sowie Leidensfähigkeit – alles Dinge, die heutzutage verloren gegangen zu sein scheinen.

Stellt das rechte Spektrum also eine sich isolierende, aber auf die eigenen Stärken besinnende Wertevorstellung dar, so spricht das linke Spektrum eher den Willen zur freien Entfaltung an, unter teilweiser Aufgabe traditioneller und eingefahrener normativer Vorstellungen.

Über diesen Weg der Erkenntnis und die damit gemachten Erlebnisse bin ich zu der Einsicht gelangt, **dass die Wahrheit wahrscheinlich wie so oft in der Mitte liegt**. Und so wäre es auch die politische Mitte, die wir anstreben sollten, wobei wir selbstverständlich die besten Tendenzen aus beiden Lagern in unser Verständnis von Mitte mit einbeziehen würden.

Also beispielsweise charakterliche Stärken, Traditionsbewusstsein sowie Nationalbewusstsein auf der einen Seite, verbunden mit dem Willen zur freien Entfaltung, Horizonterweiterung und globalem Austausch mit anderen Nationen auf kultureller und wirtschaftlicher Ebene andererseits. Hierin sehe ich eine gesunde Mischung, und dieser Aspekt scheint mir zumindest auf den ersten Blick bei der Gruppe der Identitären zu fehlen.

Es scheint, dass diese Gruppe einem teilweise überkommenen und altbackenen Lebensmodell angehört, das sich aus allzu großer Scheu vor Fremdeinflüssen isoliert und abschottet und sich lieber ausschließlich auf die eigenen Stärken besinnt. Nicht umsonst ist das Lambda das Zeichen des spartanischen Widerstandes, das Erkennungszeichen dieser Organisation. Abgrenzung nach außen und Stärkung des Inneren könnte demzufolge das Leitmotiv sein. Wer diese Tendenz nicht mitmacht, dürfte bei den Identitären wohl sicherlich auch nicht seine Heimat finden. Wer also gerne bei McDonald's isst, Coca Cola trinkt und Netflix konsumiert, dürfte aller Voraussicht nach Verständigungsschwierigkeiten im sozialen Austausch in einer Identitären Gruppe haben.

Es ist dieser generelle Ablehnungswille, der mich Nachdenken lässt und der mich daran hindert, meine uneingeschränkte Solidarität mit dieser ansonsten mutigen und wackeren Truppe zu zeigen. Allerdings muss man den Mitgliedern der Identitären auch attestieren, dass sie nur äußerst selten wenn überhaupt übers Ziel hinausschießen, indem sie in eine Art extremes Verhalten abrutschen würden. Davon ist im Grunde genommen so gut wie nichts bekannt. Somit handelt es sich bei deren Vorstellung von *rechts* also eher um eine geistige und innere Askese verbunden mit einem traditionellen Lifestyle. Jedoch transportiert dieser Begriff ein ungünstiges (weil ideologisch aufgeladenes und geframtes) Marketing-Image und erreicht die Menschen nicht in der breiten Fläche.

Das Label "echtsextrem" durch den Verfassungsschutz halte ich deshalb nach wie vor für vollkommen falsch und nicht zielführend, da man damit die jungen Leute, die sehr ambitioniert, aber eben traditionell und heimatbewusst sind, fälschlicherweise in eine Schublade steckt mit Volksverhetzern und Verfassungsfeinden, also mit Straftätern und Kriminellen, was diese jungen Leute ganz sicher nicht sind. Der Verfassungsschutz verzerrt einzelne Aspekte der Gruppierung und dessen Einschätzung erscheint deshalb willkürlich. Jedenfalls setzt der Geheimdienst bei Linksradikalen nicht den selben Maßstab an, was offensichtlich ist. Es wird mit zweierlei Maß gemessen, wie man so schön sagt.

Wenn man so verfahren wollte, indem man es ernst meint, müsste man das mit dem linken Spektrum ebenso handhaben, was nicht geschieht. Diese Tendenz ist sehr bedenklich und könnte uns in einen Totalitarismus und echten Faschismus führen, wenn es so weiter geht.

Die Gefahr geht also nicht von Sellner und seinen Identitären aus, sondern von dem derzeit eingesetzten demokratiefeindlichen Personenkreis und seinen globalen Netzwerken und Verflechtungen, die Deutschland in Besitz genommen haben und mit ihren Krakenarmen derzeit alles fest umschlingen. Man muss die Zeichen der Zeit richtig und trennscharf deuten und kann hier nicht in Schwarz und Weiß trennen. Das wäre zu einfach. Es sind die vielen Grautöne, die man differenzieren muss.

In Anbetracht des dilettantischen Vorwurfs einer sogenannten Verschwörungstheorie sei hier noch richtigerweise angemerkt: Es spielt überhaupt keine Rolle welchen nationalen, ethnischen oder religiösen Hintergrund dieser möglicherweise aus dem Dunklen heraus operierende Deep State haben könnte und er wird ganz sicherlich auch nicht klassisch links oder rechts sein. Was ich meine ist eher so etwas wie eine globale Mafia die nur zwei Aspekte verfolgt: Geld und Macht. Es geht immer nur darum. Alle extrem linken Erscheinungen unserer Tage sind ebenso wie die extrem rechten Erscheinungen früherer Tage nur die Ergebnisse der immer selben Agenda.

Nur eine andere Spielart. Es gibt eben noch einen unsichtbaren Schleier hinter dem sichtbaren Politischen.

Somit bleibt die Truppe um Sellner eine gewisse Ansammlung von Enthusiasten, die größtenteils intelligent und gebildet zu sein scheinen, Interesse an körperlicher Betätigung und gesunder Ernährung haben, insgesamt einen stabilen und gefestigten Eindruck machen und mit beiden Beinen auf dem Boden des Gesetzes stehen. Nur sind sie eben ein bisschen anders als die anderen, eben ein bisschen *rechts*.

Klüger wäre es, auf diesen ideologisch aufgeladenen Kampfbegriff zu verzichten und sich stattdessen in der Mitte der Gesellschaft zu verorten. Das würde der ganzen Sache keinen Abriss tun, und es würde auch nicht schaden, den Blick nach links zu weiten, den Horizont zu vergrößern und auch mal Veränderungen zu akzeptieren und zuzulassen. Aber eben in Maßen und nicht alles auf einmal. Es gibt eben noch einen goldenen Mittelweg zwischen den Polen.

Insbesondere fehlt der ausdrückliche Hinweis darauf, welche Maßstäbe angesetzt werden, an zu integrierende Ausländer und was der echte Anspruch an wirkliche *Fachkräfte* wäre, die unsere Länder voranbringen könnten. Die Allgemeinheit kann hier nur schwer erkennen, dass es eine Grenze gibt zwischen den Remigrationsvorschlägen von Sellner und möglichen Vertreibungsplänen rechtsextremer Neonazis. Hier muss mehr kommuniziert werden. In Talkshows, auf Bühnen im Fernsehen und auf YouTube, was eigentlich gemeint ist. Wie schon gesagt, ist der ideologisch aufgeladene Kampfbegriff *rechts* hier sehr hinderlich für die Kommunikation.

Die Integration von Ausländern in Deutschland ist ein vielschichtiges Thema, das nicht nur gesellschaftliche, sondern auch rechtliche Aspekte umfasst. Eine erfolgreiche Integration setzt nicht nur die Einhaltung der deutschen Gesetze, sondern auch die Anerkennung und Internalisierung der deutschen Normen und Werte voraus.

Der erste und grundlegende Schritt zur Integration besteht in der Einhaltung der deutschen Gesetze. Dies beinhaltet nicht nur die Kenntnis und Befolgung der Rechtsordnung, sondern auch die aktive Teilnahme am gesellschaftlichen Leben. Ein integrierter Ausländer respektiert die Rechte und Pflichten, die für alle Bürger gelten, und trägt somit zur sozialen Harmonie bei.

Ein weiterer Schlüsselaspekt der Integration ist die Aneignung der deutschen Normen und Werte. Dies umfasst die Akzeptanz von Demokratie, Meinungsfreiheit, Gleichberechtigung und Toleranz. Ein optimal integrierter Ausländer sollte nicht nur diese Werte tolerieren, sondern sie aktiv leben und fördern. Das Verständnis für die deutsche Geschichte, Kultur und Traditionen ist dabei von entscheidender Bedeutung, um ein Gefühl der Zugehörigkeit zur Gesellschaft zu entwickeln.

Die Integration geht über die bloße Einhaltung von Gesetzen und die Akzeptanz von Werten hinaus. Ein optimal integrierter Ausländer sollte sich aktiv am gesellschaftlichen Leben beteiligen. Dies kann durch ehrenamtliche Tätigkeiten, Teilnahme an lokalen Veranstaltungen und die Mitwirkung in Vereinen geschehen. Die Integration auf sozialer Ebene trägt nicht nur zum persönlichen Wohlbefinden bei, sondern fördert auch den interkulturellen Dialog und das Verständnis zwischen verschiedenen Gruppen in der Gesellschaft.

Die Beherrschung der deutschen Sprache ist ein entscheidender Faktor für eine erfolgreiche Integration. Ein optimal integrierter Ausländer sollte nicht nur im Alltag, sondern auch im beruflichen Kontext die deutsche Sprache sicher beherrschen. Dies erleichtert nicht nur die Kommunikation, sondern fördert auch die berufliche Mobilität und die Chancen auf dem Arbeitsmarkt.

Die Integration von Ausländern in Deutschland ist ein dynamischer Prozess, der nicht nur rechtliche, sondern auch soziale und kulturelle Aspekte umfasst. Ein optimal integrierter Ausländer zeichnet sich durch die Einhaltung der deutschen Gesetze, die Aneignung und aktive Umsetzung der deutschen Normen und Werte, die Teilnahme am gesellschaftlichen Leben und die Beherrschung der deutschen Sprache aus. Durch diese Maßnahmen kann eine tiefgreifende Integration erreicht werden, die letztendlich den Weg zur deutschen Staatsbürgerschaft ebnen kann.

Das ist es, was Sellner will. Es ist dabei überflüssig, dieses Bestreben als *rechts* zu bezeichnen. Das ist es nicht. Es ist vielmehr völlig *normal* und *rechtsstaatlich*, aber eben nicht rechts in der ideologischen Denkrichtung.

Die Frage nach der deutschen Leitkultur in Bezug auf die Staatsbürgerschaftsübertragung und Integration von Ausländern ist in Deutschland seit langem ein umstrittenes Thema. In einer Zeit, in der gesellschaftliche Werte und politische Ansichten vielfältig sind, erfordert die Diskussion um die deutsche Leitkultur eine differenzierte Betrachtung.

Die deutsche Leitkultur repräsentiert eine Reihe von gemeinsamen Werten, Normen und Traditionen, die die Grundlagen der deutschen Gesellschaft bilden. Die Identifikation und Integration in diese Leitkultur wird als entscheidender Schritt betrachtet, um ein Gefühl der Zugehörigkeit und gemeinsamen Verantwortung zu schaffen. Die Anerkennung und Umsetzung dieser Leitkultur wird oft als notwendige Voraussetzung für eine erfolgreiche Integration angesehen.

Die Befürworter argumentieren, dass eine klare Leitkultur notwendig ist, um gesellschaftlichen Zusammenhalt und einheitliche Werte zu gewährleisten. Kritiker hingegen sehen darin die Gefahr einer Ausgrenzung und betonen die Wichtigkeit der Akzeptanz kultureller Vielfalt.

Die Herausforderung besteht darin, eine ausgewogene Perspektive zu finden, die die Werte einer deutschen Leitkultur würdigt, gleichzeitig aber die Integration von Menschen unterschiedlicher Herkunft fördert. Eine offene Diskussion und der Dialog zwischen verschiedenen gesellschaftlichen Gruppen sind entscheidend, um eine gemeinsame Basis zu schaffen, die die deutsche Identität stärkt, ohne die Vielfalt zu vernachlässigen.

Eine ausgewogene Perspektive ist notwendig und die althergebrachten Begriffe von links und rechts haben kaum noch Gültigkeit. Auf der einen Seite sollten wir Traditionen bewahren, auf der anderen Seite sollten wir uns aber auch öffnen. Der Schlüssel liegt wohl darin, hierbei nicht zu schnell vorzugehen, denn Integration benötigt auch Zeit – für beide Seiten. Eine zu schnelle Zuwanderung birgt also die Gefahr, dass das Projekt scheitert. Nur eine gedrosselte Zuwanderung kann dieses Ideal erfüllen.

Die Bewahrung von Traditionen ist wichtig, um die kulturelle Identität einer Gesellschaft zu wahren. Traditionen sind oft ein Teil des kulturellen Erbes, das über Generationen weitergegeben wird. Eine zu schnelle Veränderung durch eine rasche Zuwanderung könnte zu Spannungen führen und die Akzeptanz der Bevölkerung beeinträchtigen.

Integration ist ein Prozess, der Zeit und Engagement erfordert. Eine zu schnelle Zuwanderung kann den Integrationsprozess überfordern, sowohl für die Neuankömmlinge als auch für die bereits ansässige Bevölkerung. Ein schrittweiser und kontrollierter Ansatz ermöglicht eine effektivere Integration, indem er Ressourcen und Strukturen besser nutzt.

Ein überstürzter Zuwanderungsprozess birgt die Gefahr, dass das Integrationsprojekt scheitert. Die Notwendigkeit der Anpassung auf beiden Seiten, der Neuankömmlinge und der Aufnahmegesellschaft, kann bei zu hoher Geschwindigkeit vernachlässigt werden. Dies kann zu sozialen Unruhen und einem Mangel an sozialem Zusammenhalt führen.

Eine gedrosselte Zuwanderung ermöglicht eine bessere Integration in die bestehende Gesellschaft, da sie den Raum für den Dialog und das gegenseitige Verständnis schafft. Eine langsamere Zuwanderung könnte dazu beitragen, die Akzeptanz in der Bevölkerung zu fördern und das Entstehen von Parallelgesellschaften zu verhindern.

Eine moderate Zuwanderung ermöglicht es den lokalen Behörden und der Infrastruktur, sich besser auf die Bedürfnisse der wachsenden Bevölkerung einzustellen. Dies betrifft Bildungseinrichtungen, Gesundheitsversorgung, Wohnraum und andere Ressourcen, die für eine erfolgreiche Integration entscheidend sind.

Zusammenfassend lässt sich sagen, dass eine ausgewogene und kontrollierte Zuwanderung eine bessere Grundlage für die langfristige Integration schafft. Durch eine solche Herangehensweise können Traditionen bewahrt, die soziale Harmonie gefördert und die erfolgreiche Anpassung aller Beteiligten erleichtert werden.

Auf der einen Seite fordert Martin Sellner mit seinem Remigrationsansatz die Abwanderung von Ausländern, andererseits halte ich persönlich eine kontrollierte und stark gedrosselte

Zuwanderung für einen wichtigeren Ansatz. Der erste Schritt wäre also, den **illegalen Zustrom sofort zu drosseln**.

Die Forderung nach einer sofortigen Drosselung des illegalen Zustroms ist nicht nur ein pragmatischer Schritt, sondern auch eine Notwendigkeit für die Aufrechterhaltung der sozialen Harmonie. Eine unkontrollierte Migrationswelle kann zu Spannungen in der Bevölkerung führen, da Ressourcen überfordert werden und die Aufnahmegesellschaft Schwierigkeiten hat, sich anzupassen.

Eine kontrollierte Zuwanderung bietet den Raum, sich auf die langfristige Integration zu konzentrieren. Indem man die Zuwanderung in einem vernünftigen Tempo steuert, haben sowohl Neuankömmlinge als auch die Aufnahmegesellschaft die Möglichkeit, sich anzupassen und voneinander zu lernen. Dies fördert ein nachhaltiges Zusammenleben.

Eine schnelle und unkontrollierte Zuwanderung – so wie sie aktuell stattfindet – kann dazu führen, dass sich Parallelgesellschaften entwickeln, die die soziale Integration behindern. Durch eine gedrosselte Zuwanderung können sich Gemeinschaften besser vermischen und voneinander profitieren, wodurch das Entstehen von isolierten Gruppen verhindert wird.

Die sofortige Drosselung des illegalen Zustroms ermöglicht es den lokalen Behörden, ihre Ressourcen effizienter zu nutzen. Dies betrifft Bildung, Gesundheitsversorgung, Wohnraum und andere soziale Dienstleistungen. Eine gut verwaltete Zuwanderung ermöglicht eine bessere Verteilung dieser Ressourcen und erleichtert die Integration.

Ein kontrollierter Ansatz schafft Raum für den Dialog und das Verständnis zwischen verschiedenen Gruppen. Dies fördert eine Atmosphäre der Zusammenarbeit und Offenheit, die notwendig ist, um die Herausforderungen der Integration erfolgreich zu bewältigen.

Die Forderung nach einer sofortigen Drosselung des illegalen Zustroms als erster Schritt zur kontrollierten Zuwanderung ist keine ablehnende Haltung gegenüber Migration, sondern vielmehr ein pragmatischer Ansatz, um soziale Harmonie zu gewährleisten. Eine ausgewogene und kontrollierte Zuwanderung schafft die Voraussetzungen für eine erfolgreiche Integration und ein nachhaltiges Zusammenleben in der Gesellschaft.

15. Kapitel: Der Ethnopluralismus als Fallstrick für die Identitäre Bewegung

Martin Sellner ist ein Shooting Star der politischen Szene und im Grunde genommen erst seit wenigen Monaten so richtig groß in den Schlagzeilen. Ob er das gewollt hat? Ich würde das eher eine Gunst der Stunde nennen, mit der er jetzt konfrontiert ist. Schließlich wurde er zu dem Treffen in Potsdam als Redner eingeladen und auch er kannte nicht die Konsequenzen, die das Ganze nach sich ziehen würde. Es war für ihn schlicht einer von vielen Vorträgen.

Dieses Verhalten ist für Vortragsreden absolut üblich. Man schreibt Bücher, hält Vorträge, gibt Interviews und so weiter. Was alle Beteiligten dieses Privattreffens nicht wussten, ist, dass der Verfassungsschutz zusammen mit "Correctiv" sich bereits auf die Lauer gelegt hatten, umfangreiche Informationen über alle Beteiligten zu sammeln. Das war natürlich ein gefundenes Fressen für diejenigen, die ohnehin schon lange darauf gewartet hatten, der AfD das Handwerk zu legen. Denn der Verfassungsschutz würde auch gerne die AfD als gesichert rechtsextrem einstufen. Dazu hätte der Vortrag von Sellner sehr gut ins Bild gepasst, und es kam nun darauf an, ob im Zuge dieses Vortrages und dieser Veranstaltung konkrete Straftaten beziehungsweise verfassungsfeindliche Aktivitäten hätten aufgezeichnet werden können.

Dies war ganz offensichtlich nicht der Fall.

Trotzdem entschloss man sich anscheinend im Nachgang dazu, nun das Beste aus dem gewonnenen Datenmaterial zu machen und eben Falschmeldungen zu verbreiten, was unrühmlich, rechtswidrig und möglicherweise selbst strafbar sein könnte. **Verwerflich, dass Behörden des Rechtsstaats sich zu solch einem rechtswidrigen Verhalten hinreißen lassen.**

Dennoch gibt es zu denken, warum man sich überhaupt auf die Lauer legte und warum man sowohl den Identitären als auch jetzt der AfD das Handwerk legen möchte. Nun, dass beide Organisationen unbeliebt sind in den Augen des herrschenden Mainstreams, das hatte ich ja bereits weiter oben ausgeführt. Sie laufen dem aktuellen Zeitgeist komplett zuwider und verlangsamen oder stoppen die globalistischen Intentionen, die sich auch auf unsere aktuelle Regierung und die durch sie vereinnahmten Behörden niederschlagen. Sie sind diesen Tendenzen also ein Dorn im Auge.

Doch trotzdem liefert die Identitäre Bewegung selbst Grund und Anlass, um durch den Verfassungsschutz beobachtet zu werden. Und hier liegt der Hund begraben, wie man so schön sagt. Wie es dazu kommen konnte, soll im Folgenden analysiert werden.

Wie bereits ausgeführt wurde, sind die Grundansichten der Identitären Bewegung in Wort, Schrift und Aktionismus *gemäßigt*. Sie identifizieren sich selbst als rechte Bewegung, die traditionelle Werte und Begriffe wie Heimat oder Nationalstolz vertritt und nach außen hin zeigt. Die meisten jungen Mitglieder sind intellektuell gebildet, körperlich und geistig fit, machen einen motivierten und informierten Eindruck. Sie treten resolut, aber höflich im Ton auf. All das erscheint rein objektiv betrachtet positiv und wird durch den Verfassungsschutz auch nicht bemängelt. Wo ist also der Haken an der Sache? Wo findet der Verfassungsschutz das Haar in der Suppe, um diese Organisation als gesichert rechtsextremistisch einzustufen?

Nun, die Frage ist einfach zu beantworten – das Stichwort ist Ethnopluralismus.

Das Konzept des Ethnopluralismus sieht vor, dass alle Völker geachtet werden und achtenswert sind und respektiert werden müssen – in ihrer traditionellen Gewachsenheit und Besonderheit. Jedoch, und das ist das Besondere, sollten sie im Idealfall getrennt voneinander existieren. Es liegt also keine Form des Rassismus vor, wie wir ihn im klassischen Sinne kennen, von einer hierarchischen Ordnung der Rassen, in der beispielsweise die Weißen über die Schwarzen dominieren würden oder umgekehrt. Stattdessen sind alle Nationen ebenbürtig.

Um die besonderen Stärken der Nationen allerdings zu erhalten und weiter zu fördern, plädieren die Anhänger dieses Konzeptes dafür, dass eine Vermischung der Nationen weitestgehend vermieden werden sollte. Dass die Identitäre Bewegung dies durchaus ernst meint, erkennt man an ihrer eigenen Strukturierung. So werben sie in ihrem Social-Media-Auftritt teilweise damit, dass sie deutsche Staatsbürger ohne Migrationshintergrund seien. Das ist eine interessante Feststellung, denn es ist ihnen anscheinend sehr wohl bewusst, dass es auch deutsche Staatsbürger *mit* Migrationshintergrund gibt. Und sie lassen deutlich erkennen, dass sie diese möglicherweise nicht in ihren Reihen willkommen heißen würden.

Einerseits mag uns diese Einstellung als möglicherweise rassistisch vorkommen; andererseits muss man auch in Betracht ziehen, dass es auch andere Vereine gibt, die nach ähnlichen Mustern nur Menschen mit bestimmten Kriterien aufnehmen.

So gibt es beispielsweise Vereine, die speziell für Frauen gegründet wurden und auch nur für diese offenstehen. Wenn ich im Verein für Modellbauflieger oder Bogenschützen Mitglied werden möchte, dann muss ich aller Voraussicht nach ebenfalls eines dieser Kriterien erfüllen, weil sonst die Mitgliedschaft keinen Sinn machen würde und eine Akzeptanz in der Gruppe über kurz oder lang nicht erfolgen könnte. In einem Verein für Muslime muss ich aller Voraussicht Moslem sein und so weiter. Man kann darüber streiten, ob man diese Logik auch auf Identität, Nation und Herkunft übertragen kann, und ich denke, das ist tatsächlich eine Frage, die man so oder so beantworten kann, je nachdem, welchen Blickwinkel man einnimmt.

Die Intention liegt meines Erachtens bei den Identitären nicht darin, andere ausgrenzen zu wollen, sondern vielmehr sich selbst abzugrenzen in einem asketischen Stil des Verzichts und in der Abschottung zum Außen. So ähnlich, wie dies beispielsweise bei Mönchen in Klöstern zu beobachten ist. Da es ganz überwiegend Jugendliche und junge Menschen sind, die hierbei mitmachen, kann dies aus entwicklungspsychologischer Sicht als notwendiger Schritt der eigenen Biographie gedeutet werden, um Klarheit für sich und das eigene Leben zu finden. **In der Gruppe der *Gleichen* wird der soziale Rahmen als sicher und behaglich empfunden und als Raum des persönlichen Reifens und Wachsens wahrgenommen.** In der Soziologie gibt es dafür die gängige Bezeichnung Peergroup, also Gleichaltrigengruppe (mit ähnlichen Merkmalen). Und deshalb handelt es sich auch nicht um ein extremistisches oder rassistisches Verhalten per definitionem.

Positiv anrechnen muss man der Identitären Bewegung, dass sie, wie schon gesagt, andere Nationen ohne Ausnahme achtet und wertschätzt, ebenso wie die eigene. Alle Nationen befinden sich demzufolge auf einer einheitlichen Hierarchie. Es gibt also keine Über- oder Unterordnungen. Weiterhin ist nicht erkennbar, dass sie anderen Gruppierungen, welcher Art auch immer, grundsätzlich feindlich gegenüberstehen, also den Konflikt in Wort und Tat suchen würden oder andere dazu aufrufen würden, Gewalt anzuwenden.

Der unschöne Beigeschmack ergibt sich lediglich dadurch, dass sie sich abgrenzen, abschotten und isolieren. Ehrlicherweise müssen wir sagen, dass viele andere Organisationen das ebenfalls tun, ohne dass sie dadurch vom Verfassungsschutz beobachtet werden oder als extremistisch eingestuft werden. Das strenge Argument des Verfassungsschutzes ist nach allem was wir derzeit wissen vorgeschoben und konstruiert und befindet sich aller Voraussicht nach nicht mehr im Ermessensspielraum der Behörde.

So kann ich dutzende legale Vereine aufzählen, in denen bestimmte Kriterien angelegt werden, um dort Akzeptanz und Aufnahme zu finden. Menschen sind verschieden, das ist eine Tatsache, und Menschen neigen dazu, diese Verschiedenartigkeit zu bewahren, indem sie sich mit anderen zusammenschließen, die ihnen eher entsprechen. Warum dies ausgerechnet im Fall der Identitären Bewegung ein Problem für den Verfassungsschutz darstellt, muss als fragwürdig bezeichnet werden.

Jedenfalls begründet der Verfassungsschutz weiter so, dass diese nationale Abschottung gegenüber anderen Nationen gegen das Grundgesetz, hier insbesondere gegen den Schutz der Menschenwürde, verstoßen würde. Man *kann* das so sehen, wenn man einen sehr strengen Maßstab an diese Gesetzesnorm anlegt. Allerdings ist hierzu zu ergänzen, dass dieser strenge Maßstab bei anderen Organisationen anscheinend nicht zu gelten scheint.

Ganz aktuell: Gegen Mitglieder der AfD wird aus öffentlichen Demonstrationen lautstark zum Widerstand, Gewalt und Hass aufgerufen, sogar Morddrohungen spielen hier eine Rolle. Sieht der Verfassungsschutz hier die Menschenwürde etwa nicht als gefährdet an? Warum gibt es hier keine Verbote dieser entsprechenden Gruppierungen oder Veranstaltungen?

Oder nehmen wir noch ein weiteres Beispiel: den Wokismus. Wir wissen alle um die Tatsache, dass Indianerkostüme und die Kostümierung als Indianer und Cowboy, mittlerweile nicht nur verpönt, sondern geradezu zumindest informell verboten sind. Entsprechende Karnevalsveranstaltungen werden durch Medien, Politik und *Agenten der sozialen Kontrolle* gescannt und auf solche vermeintlichen Verstöße hin untersucht. Aus Sicht der Woken handelt es sich hierbei um kulturelle Aneignung. Ebenso verfahren die Woken, wenn ein weißer Musiker mit Dreadlocks auftritt oder Rapmusik zum Besten gibt, auch dann handelt es sich aus ihrer Sicht um kulturelle Aneignung, die den Personen angeblich nicht zustehen würde.

Ein weiteres Beispiel sind Tanzgruppen, die in Unterhaltungsveranstaltungen mal als Mexikaner, mal als Ureinwohner verkleidet auftreten und Lieder zum Besten geben, ohne die nationale Ehre der dargestellten in irgendeiner Weise zu verletzen. Auch hier treten die Woken auf den Plan und tun im Vorfeld alles, um solche Veranstaltungen unmöglich zu machen. Das Highlight sind aber auch Museen, die an bestimmten Tagen nur noch für schwarze Menschen geöffnet haben, um ihnen einen sogenannten "Safe Space" zu bieten. Dass dabei Menschen mit weißer Hautfarbe ausgegrenzt werden, wird nicht diskutiert.

Wir haben hier alles in allem ein viel schwerwiegenderes Phänomen des Rassismus und der nationalen Ausgrenzung, ja der Rassentrennung, als dies die Identitäre Bewegung jemals anstreben würde. Außerdem sind das Ereignisse, die gerade jetzt stattfinden und von denen wir direkt hier in Deutschland sowie in Österreich betroffen sind. Niemand in Presse und Öffentlichkeit scheint darin eine ernsthafte Gefahr zu sehen, und niemand kommt auf die Idee, dass dies verfassungsfeindlich ist und gegen die Menschenwürde verstößt, wenn man Menschen auf diese Weise behandelt, ausgrenzt, an ihrer Hautfarbe oder an ihrer Herkunft misst.

Ja - unsere Verfassung wird angegriffen. Ja - wir müssen diesen Angriff verhindern. Doch der Verfassungsschutz scheint dabei nicht die Lösung, sondern selbst zum Teil des Problems zu werden. Jedenfalls legt sein eigenes Verhalten deutlich Zeugnis darüber ab. Stehen die Herren mit Schlapphut rund um ihren Präsidenten also noch wirklich zum Schutz unserer Verfassung bereit?

Ähnliches gilt für die Genderproblematik. Wer hier nicht bereit ist mitzumachen, der gilt in vielen Kreisen nicht nur als Außenseiter, sondern wird angefeindet und als rechtsextrem bezeichnet. Es liegt doch auf der Hand, dass hier genau dieselbe Abgrenzung angewendet wird, die der Identitären Bewegung zum Vorwurf gemacht wird – streng nach dem Motto: "Wenn du nicht für uns bist, dann bist du gegen uns." Das ist aber genau das Gegenteil von Diversität. Wo ist denn hier der Verfassungsschutz?

Zusammenfassend kann man festhalten, dass das Problem des Ethnopluralismus der Identitären Bewegung zum Verhängnis geworden ist, noch bevor sich irgendwer mit dieser Thematik beschäftigt hat.

Der Verfassungsschutz will daran festmachen, dass das Konzept eine Aufteilung in Nationen forcieren und damit Menschen fremder Herkunft aus Deutschland vollständig verdrängen möchte, was möglicherweise mit Gewalt einhergehen könnte – was aber nur eine Vermutung des Verfassungsschutzes ist. **Belege gibt es für letztere Annahme nicht**.

Wie schon gesagt, legt der Verfassungsschutz hier einen sehr hohen Maßstab an, den er anderswo nicht gelten lässt. Es drängt sich deshalb auch der Verdacht auf, dass hier der Ermessensspielraum deutlich überschritten worden sein könnte und willkürlich entschieden wird.

Im Fall der Identitären reichen bloße Vermutungen, im Fall der Linksradikalen reichen nicht einmal handfeste und gerichtsfeste Beweise, um tätig zu werden.

Andererseits muss man aber auch feststellen, dass das Konzept des Ethnopluralismus ganz sicher kein Konzept ist, was in der Realität umgesetzt werden kann oder sollte. Wir reden hier von einem rein theoretischen Ansatz, der weder in der Gegenwart noch in der Zukunft jemals realisiert werden könnte oder sollte. Da es sich bei der Identitären Bewegung um intelligente, gebildete junge Menschen handelt, kann ich mir beim besten Willen nicht vorstellen, dass die Aktivisten selbst daran glauben, dass dieser Ansatz eins zu eins umgesetzt werden sollte.

Ich vermute deshalb, dass sie das Ganze eher als ideelles Leitbild betrachten und es sich in der Realität so vorstellen, dass eine weitere, ungezügelte illegale Zuwanderung verlangsamt und mitunter gestoppt werden sollte, um dann zu prüfen, welche illegal Zugewanderten und nicht integrationsfähigen Ausländer auf legale und rechtmäßige Weise abgeschoben werden könnten.

Den Identitären ist sicherlich sehr wohl bewusst, dass Deutschland bereits durchmischt *ist* und die Genese der Menschheit ständig von Völkerwanderungen und Durchmischungen geprägt ist. Was die jungen Menschen also wollen, aber anscheinend nicht richtig ausdrücken können oder wofür sie noch keinen Begriff gefunden haben, ist eben eine Drosselung dieser Zuwanderung und eine Konzentration auf die eigenen nationalen Traditionen, Normen und Werte. Jedenfalls wird ihnen die Unfähigkeit, sich hierzu klar zu positionieren, zum Verhängnis – zum einen, weil sie durch die Behörden beobachtet und ausspioniert werden können, was ihr Leben nicht unbedingt leichter und angenehmer macht, und zum anderen, weil sie auch in der öffentlichen Akzeptanz Schwierigkeiten haben, tatsächlich gehört zu werden. So werden sie eine Subkultur bleiben.

Man möchte diesen jungen Leuten zurufen: "Wacht auf! Wir leben im 21. Jahrhundert, und dazu gehört ein multikultureller Austausch auf kultureller, wirtschaftlicher und sozialer Ebene, wie das Einmaleins in der Schule."

Die Frage ist doch viel mehr, mit wem und wie intensiv wir uns austauschen wollen – also konkret, wen man hier ins Land lässt und wen nicht, wer deutscher Staatsbürger werden sollte und wer besser nicht. Hat der links-grüne Woken-Staat sich offensichtlich dazu entschieden, möglicherweise auf Geheiß globalistischer Kräfte, die einen Bevölkerungsaustausch wünschen, alle Ausländer ins Land zu lassen, die auf zwei Beinen die Landesgrenze überschreiten können, so wählt die Identitäre Bewegung leider das andere Extrem als ihr Ideal: sich weitestgehend zu isolieren und abzuschotten (ohne andere Ethnien oder Nationen dabei zu missachten), was komplett unrealistisch und im Übrigen auch falsch wäre.

Die Wahrheit liegt wie immer in der Mitte, und im Übrigen verstehe ich die Worte von Martin Sellner auch genauso und halte sie für beachtenswert. Die Identitäre Bewegung könnte einen kleinen Schritt in die richtige Richtung machen, aber möglicherweise vermuten sie dann einen Profilverlust zu erleiden in ihrem eigenen Milieu. Wenn dieses Milieu, in dem sie sich bewegen, erwartet, dass sie möglicherweise dieses Auftreten mit Kante zeigen, auch wenn die Forderungen unrealistisch sind, dürfte die Bewegung aus dieser Nummer nicht herauskommen. Wenn sie sich nicht vom Konzept des Ethnopluralismus befreit und stattdessen eine vernünftigere Haltung einnimmt.

Im Übrigen verstehe ich die Worte von Martin Sellner und seinem Konzept der Remigration auch genau so, dass er eben nicht diese totale Abgrenzung möchte, sondern die Lage sehr realistisch einschätzt. Konkret sagt er ja selber, dass es lediglich darum geht, Abschiebung mit legalen und rechtmäßigen Mitteln durchzuführen, die ohnehin schon bestehen, und zwar nur gegenüber Ausländern, die beispielsweise straffällig geworden sind, nicht integrierbar sind oder möglicherweise selbst nicht mehr in Deutschland sein wollen.

Allen diesen Menschen könnte man mittels logistischer und finanzieller Methoden helfen, sie auf humane Weise in ihre Heimat oder in ein Drittland zurückzubringen und ihnen dort ein besseres Leben zu ermöglichen, als sie es hier jemals haben könnten. Deshalb denke ich, dass die Identitäre Bewegung, die sich aus jungen, dynamischen und intelligenten Menschen rekrutiert, größtenteils falsch verstanden und falsch eingeordnet wird. Sie haben daran aber selbst einen Anteil, weil sie nicht treffend genug darstellen können, wie sie sich an dieser Stelle **trennscharf** positionieren.

Deutschland ist ein Einwanderungsland, und das gilt es zu betonen. In der Einwanderung liegt eine große Chance, ein Zugewinn. **Jedoch muss Einwanderung nach bestimmten Regeln, Normen und Prüfungen erfolgen, so wie dies in anderen Ländern streng angewendet wird.** Selbstverständlich sollte jeder Mann und jede Frau in Deutschland willkommen sein, aber so wie es überall im Leben ist, kann eine Aufnahme als Staatsbürger nur dann in Frage kommen, wenn bestimmte Regularien eingehalten wurden.

Einen Job bekomme ich auch nur, wenn ich bestimmte Kriterien erfülle. Ebenso kann ich eine Funktion in einer Behörde nur wahrnehmen, wenn ich zuvor bestimmte Prüfungen absolviert habe. Warum sollte es bei der Übertragung der Staatsbürgerschaft anders sein? Warum sollte es aber auch schon bei der Zuwanderung anders sein?

Deutschland hat bereits gültige Gesetze, und das Problem ist nicht, dass diese zu lasch wären; das Problem ist, dass diese durch die Exekutive und die, die über sie wachende Regierung, derzeit kaum oder gar nicht eingehalten werden. Das Problem kommt nicht von rechts. Das Problem sind die Verantwortlichen Personen der Regierung und verschiedener Behörden, welche die geltenden Gesetze sowie ihre eigene Verpflichtung aus dem Auge verloren haben.

Es gibt kaum oder gar keine Kontrollen an den Grenzen, und Abschiebungen werden so gut wie nicht durchgeführt. Jedoch wird ein warmer Geldregen über jeden Neuankömmling ausgeschüttet, und all das spricht sich natürlich in den Herkunftsländern herum, da man auch dort nicht mehr über Litfaßsäulen kommuniziert, sondern ebenfalls soziale Medien nutzt.

SCHLUSS

Martin Sellner und sein Konzept der Remigration stehen im Moment ganz oben in der medialen Betrachtung. Es gibt enorm viel Ablehnung, aber es gibt auch sehr viel Zustimmung, sodass man festhalten kann, dass dieser Ansatz polarisiert wie kaum ein anderer.

Politikwissenschaftler und Demokratieforscher erkennen in einer solchen Polarisierung sehr oft die Wurzel für Demokratiefeindlichkeit. Ich halte das für groben Unsinn, denn ein demokratischer Diskurs lebt ja eben von Gegensätzen, die ausgehalten werden und wir müssen es ganz sicherlich auch noch in Zukunft aushalten, dass es unterschiedliche Ansichten über die Art und Weise gibt, wie wir Zusammenleben wollen. Diskurse - und darauf kommt es eigentlich an - müssen friedlich ausgetragen werden.

Man könnte umgekehrt auf die Idee kommen, dass es eigentlich das Amt für Verfassungsschutz ist, das die Sachlage unnötig polarisiert, indem es einseitig die Identitäre Bewegung als gesichert rechtsextrem einstuft und dabei, wie oben beschrieben, die zahlreichen linken Strömungen unbeobachtet lässt. Dazu zählen allen voran im Übrigen auch die sogenannten Klimaaktivisten oder Klimakleber, die durch den Verfassungsschutz derzeit anscheinend nichts zu befürchten haben, wie deren Präsident Haldenwang kürzlich in einem Interview eingeräumt hat.

Vielmehr kann Polarisierung aber auch das Salz in der Suppe sein, das wie im aktuellen Fall das allgemeine Interesse der Bevölkerung für Politik und Gesellschaft wieder entfacht und anregt und nun zu Diskussionen und politischer Aktivität wie Demonstrationen ermuntert. Im Grunde genommen können wir uns also freuen, dass wieder mehr in unserem Land los ist, dass die Leute auf die Straße gehen und sich für oder gegen etwas engagieren. Das ist und sollte der Normalfall in einer Demokratie sein!

Man muss auch attestieren, dass andererseits der von Sellner vorgetragene Vorschlag einer strukturierten und gezielten Abwanderungspolitik nun bundesweit Beachtung findet und über kurz oder lang auch von anderen Parteien aufgenommen werden wird. Eben deshalb, weil die Situation gar nichts anderes zulässt, als hierüber zu debattieren und gegebenenfalls Maßnahmen zu treffen. Über nichts anderes hatte kürzlich Bundeskanzler Scholz gesprochen, und auch Innenministerin Faeser schlug in dieselbe Kerbe. Beide sprachen sich kürzlich dafür aus, Zuwanderung besser zu kontrollieren und Abschiebungen zukünftig effektiver durchzuführen. Auch wenn es sich hierbei ganz sicher zunächst nur um Lippenbekenntnisse handelt, ist das Thema auch dort nun auf der Agenda.

Letztendlich fordert innerhalb dieses politischen Diskurses niemand etwas anderes als die Umsetzung der aktuell geltenden Rechtslage. Auch Sellner fordert keine zusätzlichen Gesetze oder Sonderbehandlungen, die nicht schon jetzt durch das Gesetz gedeckt wären. Er ermutigt lediglich dazu, dass die Exekutive nun Taten folgen lassen solle und nicht weiter ausgebremst wird durch eine möglicherweise globalistisch gesteuerte linke Zuwanderungsideologie.

Dem kann und muss man von Grund auf zunächst einmal zustimmen, wenn man sich die Zuwanderungszahlen anschaut und die damit einhergehende Belastung für unsere sozialen Systeme. Wie wir alle wissen, platzt Deutschland aus allen Nähten und wenn das Ende der Fahnenstange nicht bald erreicht ist, dann wird auch für die bereits Zugewanderten, Flüchtlinge, Neuankömmlinge und sogenannten Fachkräfte eine humane Versorgung nicht mehr grenzenlos gewährleistet werden können, weil uns selber bald die Ressourcen ausgehen.

Insofern muss meiner Ansicht nach jede vernünftige Stimme gehört werden, die hierfür rechtmäßige und verfassungsgemäße Lösungen finden will. Und es dürfte doch jedem Menschen klar sein, dass Sellner hierüber nicht alleine zu entscheiden hat, sondern dass er lediglich im Rahmen von Vorträgen oder Büchern Anstöße gibt und andere politisch Verantwortliche diesen Ball aufnehmen können oder eben nicht. Da er selbst nicht Mitglied einer Partei ist und auch kein gewählter Vertreter des Volkes ist, bleibt nur noch ihm zu attestieren, dass er seine Meinung auf höchst eigene und vehemente, aber mutige und durchsetzungsstarke Weise vertritt. Dies ist nicht etwa Lobhudelei, sondern eine realistische und nüchterne Feststellung.

Strategisch gesehen ist die Identitäre Bewegung, wie eben ausgeführt, allerdings nicht so aufgestellt, dass sie in größeren Teilen der Bevölkerung Anklang finden wird. Auf mich wirkt sie eher wie ein zum Aussterben verurteilter Dinosaurier, denn sie scheint im darwinistischen Sinne nicht in der Lage zu sein, sich noch anpassen zu wollen. Wie wir von Darwin und seiner Evolutionsbiologie gelernt haben, gehört Anpassung zum Leben, und insbesondere zum menschlichen Leben. Aber dazu, und hier liegt auch die Ironie des Schicksals, gehört auch, sich an gewisse Entwicklungen des Zeitgeistes anzupassen, der scheinbar an ihnen vorübergegangen zu sein scheint. Da wo andere zu viel Gas geben, wollen die Identitären zu stark bremsen. Das Ideal wäre aber in einer gesunden Mitte zu finden. Das Mittelmaß ist immer harmonisch. Das sagt nicht die Politik, das sagt uns die Philosophie seit den antiken Griechen.

Kurzum: Wir leben in der Gegenwart, im 21. Jahrhundert. Und wer sich mit Zukunftsforschung beschäftigt, der weiß, dass wir derzeit vor fundamentalen Umbrüchen stehen, die unsere gesamte Aufmerksamkeit erfordern. Das betrifft insbesondere den technologischen Sektor, aber auch den gesellschaftlichen und politischen. Somit kann der Identitären Bewegung attestiert werden, dass sie interessante Ansätze hat, die eine Verbreitung und einen Diskurs verdienen. Meines Erachtens handelt es sich um überwiegend junge, dynamische, intelligente Menschen, die für eine Sache, die ihnen wichtig ist, eintreten wollen. Sie zeigen sich ganz überwiegend besonnen, was im Alltag der Bundesrepublik Deutschland zunächst einmal ein sehr positives Beispiel darstellt.

Ob diese Gruppe als Vorbild übernommen werden kann, für das eigene Handeln, das muss jeder selbst entscheiden. Mit explizit rechtsextremen Organisationen haben diese Leute nach meiner Auffassung nach nichts gemein. Das Bundesamt für Verfassungsschutz scheint meiner Meinung nach über das Ziel hinausgeschossen zu sein und möglicherweise hat es sich nur deshalb zu diesem Schritt genötigt gesehen, weil die Identitäre Bewegung aus Sicht des Amtes bereits zu viel Einfluss, insbesondere für junge Menschen, gewonnen hat. Jedenfalls erscheint die juristische Begründung abschließend nicht schlüssig und tragfähig zu sein. Trotzdem müssen wir zur Kenntnis nehmen, dass die deutschen Gerichte offenbar die Sicht des Bundesamtes für Verfassungsschutz teilen, jedenfalls derzeit.

Es wäre den jungen Menschen anzuraten, sie würden ihre sehr festgefahrene Blockade-Haltung bezüglich des Ethnopluralismus lockern und ihre positiven Ansätze, was Tradition, Werte, Charakterschule, Nation und Normenverständnis angeht, öffnen für positive Einflüsse von außen.

Denn kein System funktioniert in sich geschlossen, jedes System benötigt einen Austausch, nur eben in geregelten Bahnen. Diese junge Organisation benötigt also im Grunde genommen, was diesen Punkt angeht, mehr Trennschärfe und auch die Bereitschaft, die Scheuklappen weiter zu öffnen und den Blick zu weiten, anstatt nur stur das eine Ziel im Auge zu behalten.

Ein etwas lockerer und weltoffener Umgang in den Bereichen Kultur und Völkerverständigung wäre eine positive Weiterentwicklung, die Sellner und seinen Leuten unbedingt zu wünschen wäre, wenn sie nicht vom Rad der Zeit schon bald überrollt werden wollen. Sorry, dass das so klar angesprochen werden muss. Sie würden damit ihre eigene Reichweite und Akzeptanz deutlich erhöhen.

Denn in der Tat steht unsere Welt, und hier insbesondere auch Deutschland und Österreich, derzeit und zukünftig gewaltigen Umwälzungen gegenüber. Und wenn wir nicht zum Beispiel die kriegerische Auseinandersetzung in der Mitte Europas bald geregelt bekommen, brauchen wir uns um den Rest auch keine Sorgen mehr zu machen.

Der technologische Fortschritt, die Änderungen auf den Finanzmärkten, die neue Mächtebildung durch die BRICS-Staaten, Umbrüche im politischen und gesellschaftlichen Sektor und vor allem der Krieg in Europa, aber auch anderswo, erfordern unsere allerhöchste Aufmerksamkeit und verlangen von uns, **zu 100% im Hier und Jetzt präsent zu sein.** Die traditionelle und rückwärtsgewandte Verklärtheit der Identitären

Bewegung wird diese Vorwärtsbewegung nicht stoppen können und ist deshalb insgesamt das ungeeignete, weil *unvollständige* Mittel.

Leben ist Bewegung und Entwicklung, Austausch und Durchmischung. Weder Extreme von links noch rechts werden jemals die alleinige Deutungshoheit darüber gewinnen können, was der richtige Weg ist. Die Wahrheit liegt in der Mitte und kann nur dann gefunden werden, wenn wir den Diskurs ideologiefrei und offen führen, dabei auf Gewalt verzichten und uns vor allen Dingen auf das abstützen, was uns hoch und heilig ist:

Unsere gewachsene Verfassung, unsere Gesetze, unsere demokratischen Ideale und Symbole und unser Glaube an das Gute verbunden mit der Hoffnung, dass wir alles gemeinsam schaffen werden.